犹太人 正面管教：

如何培养孩子的社会能力

汲红◎编著

中国华侨出版社

图书在版编目（CIP）数据

犹太人正面管教：如何培养孩子的社会能力／汲红编著.
—北京：中国华侨出版社，2017.5
　ISBN 978-7-5113-6807-2

　Ⅰ.①犹…　Ⅱ.①汲…　Ⅲ.①犹太人—家庭教育
Ⅳ.①G78
　中国版本图书馆 CIP 数据核字（2017）第 111215 号

犹太人正面管教：如何培养孩子的社会能力

编　　著／汲　红
策划编辑／周耿茜
责任编辑／文　蕾
责任校对／王京燕
封面设计／胡椒设计
经　　销／新华书店
开　　本／710 毫米×1000 毫米　1/16　印张／15　字数／168 千字
印　　刷／天津旭非印刷有限公司
版　　次／2017 年 7 月第 1 版　2020 年 7 月第 5 次印刷
书　　号／ISBN 978-7-5113-6807-2
定　　价／36.00 元

中国华侨出版社　北京市朝阳区西坝河东里 77 号楼底商 5 号　邮编：100028
法律顾问：陈鹰律师事务所
编辑部：（010）64443056　64443979
发行部：（010）64443051　传真：（010）64439708
网　址：www.oveaschin.com
E-mail：oveaschin@sina.com

前言

犹太民族是世界上最聪明的民族之一——在历年诺贝尔奖获得者中，经常会看到犹太人的身影；在世界商业名人榜单上，犹太人更是数不胜数；在世界文学艺术领域，也活跃着众多的犹太人，引领着世界文艺发展浪潮……很多人对犹太民族的整体优秀比较困惑，不明白这个民族何以具备这样的智慧和影响力。其实犹太人在各个领域所表现出来的优势和他们的家庭教育有很大的关系，犹太人独特而富有智慧的家庭教育观使得犹太民族能够从孩子"抓起"，在孩子们的成长阶段就给予他们非同一般的智慧。

犹太民族是一个坚强而又伟大的民族，尽管遭受诸多苦难，但是依旧顽强地将本民族的文化精髓传承下来，并且在这个过程中不断吸收其他民族的文化精髓，还将这些精华融入孩子的教育中。犹太父母在孩子很小的时候就开始引导他们追求知识，崇尚方法和智慧；培养孩子独立自主的性格，健康的心理，开拓创新的精神；引导孩子认识金钱，并激发他们追求财富的欲望，帮助他们树立起勤俭节约的生活作风；教育孩子善待他人，灵活处事，不断扩展自身的朋友圈；提升孩子驾驭自己的能力和挑战逆境的勇气……

犹太人崇尚书籍，认为书籍能够为孩子带来智慧，会让孩子变得聪慧，掌握更为灵活的做事方法，学习到各种创新的方法，敬畏规矩，等等。犹太民族是一个爱读书的民族，犹太人认为智慧除了来自遗传因素之外，很多时候更来自一个好的习惯。还有什么比读书更能增长人的知识，引发人的思考，提升人的智慧的习惯呢？犹太人非常聪明地抓住了孩子早教的特点，通过引导孩子喜欢书籍的方法给予孩子一种持续汲取知识的金矿。

日常生活中，犹太人这种充满智慧的方法数不胜数。本书通过提炼犹太人特有的教育理念，结合中国孩子的实际教育案例，力求为中国家长打造一种独特高效的提升孩子社会能力的教育体系，让孩子早跨出一步，在成长的过程中更好地适应社会的发展潮流。

目录

001 第一章
注重方法，独特教育造就伟大民族

　　犹太民族非常重视教育，他们认为教育是一个民族能够始终屹立于世界民族之林的根本所在。犹太人在教育孩子时，为了能够让孩子尽早具备强大的社会生存能力，尤其注重方法上的引导教育，不仅让孩子知道怎么办，还善于启发孩子去思考为什么要那样做。正是这种独特的教育方法让犹太孩子在面对具体问题抑或挑战时变得更加睿智从容。

037 | 第二章
性格决定人生，犹太人懂得如何塑造自己

　　世界著名科学家爱因斯坦曾经说："智力上的成就很大程度依赖于性格上的伟大。"具有良好性格的人，态度积极，个性开朗，心情愉快，处世乐观，能与人和谐相处。因此，具有良好性格的人，不仅学业容易成功，而且事业也容易成功。性格是个性中最核心、最本质的表现，贯穿于一个人的全部行动之中，是反映一个人心理健康的重要指标。性格不是与生俱来的，他具有可塑性。爸爸妈妈在日常生活中，抓住机会塑造孩子的良好性格就显得尤为重要。

063 | 第三章

犹太父母的心理健康教育

在孩子接触社会时，他们会遇到很多心理上的困惑，这些困惑一旦解决不好，就可能影响到正常的生活和学习，甚至导致他们性格上的扭曲。犹太家长很睿智地意识到了这一点，在日常教育中除了重视孩子的身体健康和学习成绩之外，对他们的心理健康也要特别关注。犹太家长认为，只要拥有了健康的心理，孩子在接触社会时才显得更加从容淡定，才会挖掘出自己更大的潜力，爆发出更丰富的创造能力。

097 | 第四章
百折不挠才有了犹太奇迹

　　犹太民族是坚韧的、不屈的，虽然历经苦难，但是却依然顽强地生存下来，屹立于世界民族之林。正是因为这样的原因，犹太家长在培养孩子的社会能力时特别注重培养孩子百折不挠的品质，帮助孩子正确认识困难和挫折，磨砺孩子的战斗意识和勇气。

125 | 第五章
善于创新，犹太人清楚如何实现个人价值

　　创新是一个人能够在社会上立足的最重要能力，也是一个民族进步的根本动力所在。犹太民族特别重视对孩子创新能力的培养，认为孩子只有具备创新精神，能够在生活和学习中积极主动地去创新，长大之后才能更好地实现个人价值，整个民族才会更加兴旺，更有发展潜力。

145 | 第六章
犹太人要放大自己的朋友圈

犹太民族之所以能够经受住无数灾难的洗礼而不倒，始终屹立于世界民族之林，和犹太人强大的社交能力有很密切的关系。犹太人的朋友遍天下，当身边的人需要帮助时，他们往往能够及时地伸出援手。这样一来，当犹太人遇到困难时，世界各地的人都会帮助他们。犹太人放大了自己的朋友圈，同时也在一定意义上增强了自身的实力。

171 | 第七章
守规矩，犹太人才能走遍天下

犹太人认为，爱孩子需要坚持必要的原则，假如因为爱而摒弃规矩，那么这不是爱，而是慢性毒药。所以在孩子很小的时候，犹太人就开始给孩子立规矩，告诉他们哪些方面是"高压线"，不能碰触；哪些方面是"道德舞台"，需要积极"演出"。遵守最基本的规矩，这样的孩子才最有魅力，走上社会之后才会被人认可、被人尊敬。

197 | 第八章
犹太人重财却又取之有道

犹太人是世界上最聪明和最会聚集财富的群体，多年来艰辛的命运造就了他们不凡的智慧，使之在学术、商业、经济等领域，接连涌现出超凡的大人物。犹太人的成功源于他们的头脑。通过灵活多变的思考方式，使得他们在商业上的成就往往高人一筹。犹太人自小就对孩子进行金钱教育，他们认为孩子只有掌握赚钱的能力，长大之后才有可能获得尽可能多的金钱，才会生活得更加富足安逸。

第一章
注重方法，独特教育造就伟大民族

　　犹太民族非常重视教育，他们认为教育是一个民族能够始终屹立于世界民族之林的根本所在。犹太人在教育孩子时，为了能够让孩子尽早具备强大的社会生存能力，尤其注重方法上的引导教育，不仅让孩子知道怎么办，还善于启发孩子去思考为什么要那样做。正是这种独特的教育方法让犹太孩子在面对具体问题抑或挑战时变得更加睿智从容。

弗洛伊德教给学生的智慧：树立一个远大理想

著名犹太哲学家、思想家弗洛伊德教育学生时就非常有智慧——他强调方法的重要性，强调理想在学习中的重大引导作用。弗洛伊德认为，当一个人树立起符合自身的理想起，在今后的人生旅程中便有了一个清晰的前进方向，有了强大的前进动力，能够不断地以理想鞭策自己。这样一来，拥有理想的孩子在成长过程中便会更具爆发性和持续性，成功实现人生价值的概率才会变得更大。

弗洛伊德的教育方法无疑是睿智的，他将理想引入教育中，借助理想对人的引导鞭策作用将原本被动式的教育变成了主动式，让人的学习具备了自发性和持久性，这样的教育效果自然也就变得更好。犹太父母在教育孩子的过程中深谙此道，会引导孩子尽早树立起适合自己的理想，借助理想的引导力量让孩子在今后的学习和生活中变得更加积极主动，让孩子的学习由"爸爸妈妈强迫学"变为"我要学"。

其实对孩子而言，他们并不缺乏所谓的"理想"，在孩子的头脑中总是充斥着各种稀奇古怪的想法，总会不断地梦想着自己长大后的样子。"我长大之后要制作一艘太空飞船，遨游宇宙""长大之后我会当一名教师，桃李满天下""我啊，要成为一个大将军，率领成千上万的士兵保卫国家"……

孩子有理想自然是一件好事，但爸爸妈妈需要注意的是，相对于成人，孩子在树立理想的时候比较随意，缺少计划性，比如看到从事理发行业的人衣着造型非常时尚，一举一动看起来很"帅"，孩子就可能将理发师当作自己的一个理想职业；看到公交司机很"酷"，孩子就可能会梦想长大后当一名公交司机，开着公交车服务市民；看到警察叔叔抓小偷很"厉害"，孩子则可能梦想着长大后穿上警服……所以爸爸妈妈很有必要引导孩子树立适合自己的理想，帮助他们纠正肤浅的、模糊的、脱离实际的梦想，如此孩子在今后的人生道路上才会更严肃地对待人生，才能不断地鞭策自己为了实现理想而奋斗。

12岁的雷亚个子很高，学习也不错，但在生活和学习中却缺少一种主动性，放学回家后除了看电视、写作业、玩游戏，其他事情似乎都跟他没什么关系。妈妈觉得雷亚对待人生缺少一种激情，假如他能够树立一个适合自己的理想，那么雷亚在今后的学习和生活中一定会变得更加积极主动。

有一天，妈妈问雷亚："宝贝，跟妈妈说说，你长大之后想要成为什么样的人呢？"谁知道雷亚却很狡猾地回答道："成为一个大人啊！"

妈妈哭笑不得，知道这是雷亚的"恶作剧"，在故意捣乱，避重就轻。妈妈笑了起来，耐心地说道："傻孩子，妈妈是在问你长大后想做什么样的工作。"见妈妈表情很严肃，雷亚也变得郑重起来，妈妈问的这个问题他还是第一次去想，长大后做什么呢，雷亚一时间不知道怎么回答妈妈了。

见雷亚有些迷茫，妈妈便暗示道："宝贝，你看今天的天气多好啊，天蓝得很，在天空中飞翔的小鸟一定会很幸福、很快乐。"听妈妈这么说，雷亚抬起头，看了看蓝天，又盯着那群在天上飞来飞去的小鸟，对妈妈说道："妈妈，我也喜欢蓝天和白云，我也要像小鸟一样在天上飞。"

妈妈微笑说："宝贝，其实这个世界上并非只有小鸟才可以在蓝天上飞翔的，飞机也可以啊！"妈妈说完这句话，雷亚的眼睛一下子便明亮起来，很兴奋地说道："对！那我长大了就去开飞机，这样我也可以像那些小鸟一样，自由自在地在天空中飞翔了。"

现实生活中，爸爸妈妈要引导孩子尽早树立起理想，这样孩子在今后的人生中才会拥有一个明确的目标，在生活中才会变得越来越积极主动。爸爸妈妈不妨在生活中多给孩子一些暗示，比如"当老师可以塑造人类的灵魂""当医生可以救死扶伤"……假如孩子对某一个职业感兴趣，那么他自然也就会将之树立为自己的理想，爸爸妈妈只需要适当引导即可。

把庸俗变为远大，让孩子树立适合自己的理想。

很多时候，受到周围不良社会环境的影响，孩子的理想可能会令爸爸妈妈"大惊失色"。这个时候爸爸妈妈要耐心地进行引导，让孩子意识到什么样的理想才适合他们，才能更好地服务社会。比如孩子说自己的理想是长大后成为一个有钱人，这个时候爸爸妈妈可以如此引导孩子："钱是好东西，但是你有没有想过，有了钱以后呢？是不是要帮助一下那些需要帮助的人，捐一些钱给灾区的儿童？"这样就很容易让孩子走出价值观误区。

将孩子的理想同现实接轨。很多孩子的理想过于空泛，即使有了理想，他们也不知道通过什么样的途径去实现。遇到这种情况，一些爸爸妈妈会有意无意地挖苦孩子，比如孩子说长大了要变成超人，爸爸可能就会说"就你这小身板，还想成为超人？"爸爸的这种挖苦会让孩子变得无比沮丧，甚至会因此在内心中对理想生出抵触情绪。聪明的爸爸妈妈不会去讽刺孩子的理想，即使这些理想听起来很空虚，他们会引导孩子将自己的理想和现实社会连接起来。

王乐上小学五年级，平时不怎么爱学习，但是理想却很远大，总是跟爸爸说长大后要当一个科学家。爸爸并没有批评他，而是领着王乐到自己一个搞研究的朋友单位参观，爸爸的朋友是单位的工程师，货真价实的科学家。爸爸让朋友详细地为王乐讲解一个科学家所需要具备的素质，现在应该如何做。在真正的科学家面前，王乐意识到想要实现梦想，从现在开始就需要不断地努力，总是高谈阔论却不学习、不努力，那么理想就会变成不切实际的幻想。从那以后，王乐慢慢改变了学习的态度，变得更加积极主动。爸爸也时常引导王乐，告诉他任何理想都需要不断地付出，从学习更多的知识开始——这个世界上并不缺少拥有理想的人，却缺少那些为了理想而不断实践探索的人。

孩子有远大的理想是一件好事，但是当理想只限于口头上的谈论时，爸爸妈妈就需要及时地加以引导，要让孩子明白这样的道理：理想需要脚踏实地去实践，不然理想就等于一句空谈，没有任何的意义。

 **家 教 心 得**

　　理想教育是一种睿智的教育方法，引导孩子尽早地树立起理想，就等于在孩子的头脑中植入了积极主动的因子，让孩子在今后的人生中方向更清晰，行动更果敢，心态更乐观。理想对孩子而言就是一座灯塔，会让孩子前进的脚步更加坚定、有力。

有选择地放弃，你会收获更多

取和舍是伴随人生始终的矛盾体，人们想要生活得更幸福、更快乐，更快更好地实现人生价值，就需要找到一个取舍的平衡点。犹太人在家庭教育中就很睿智地融入了取舍的智慧，将之作为一种人生方法注入孩子的大脑中。当孩子了解取舍间的关系，学会有选择地放弃时，就等于掌握了一种强大的社会生存能力，会在今后的学习、生活和工作中更加轻松高效，收获更多东西。

犹太人非常崇尚哲学，并善于将哲学运用在家庭教育中。他们认为生活就好像一望无际的大海，个人则是生活之海上的一叶扁舟。很多时候，面对生活中的成功或失败，面对内心中的取舍，学会有选择地放弃是一种生活的智慧。有选择地放弃对个人生活而言非常重要，在自己力不从心的时候勇于放弃，是一种生活的至高境界。有鉴于此，犹太家长从小便会引导孩子学会有选择地放弃，认为这样孩子才真正掌握了学习和生活的方法，才更容易成功。

诺基亚特今年11岁，特别喜欢体育运动，尤其痴迷篮球和足球。诺基亚特经常对妈妈说的一句话就是"长大后我要成为科比那样的明星"。对诺基亚特的兴趣爱好，妈妈是支持的，在不影响学习的前提下，适当发展一下兴趣，进行体育运动，不仅有利于孩子的身体发育，而且还能让孩子的性格更加阳光，适应社会的能力也会越来越强。

有一天，诺基亚特放学回家后却没有如往常那样出去和别的孩子玩耍，而是闷闷不乐地坐在沙发上发呆。妈妈连忙问他发生了什么事情，原来学校将要开设体育选修课，规定每个学生只能选修一门，但是诺基亚特却想将自己喜欢的篮球和足球两个项目都选上，他跟老师说了自己的想法，却被告知只能选修一个。诺基亚特在回家路上便一直纠结要怎么办，想选篮球，但是又舍不下足球，想选足球，却又扔不下篮球，这种不知道如何抉择的心理一直在折磨着他，让他陷入了无尽的苦恼之中。

妈妈开导诺基亚特道："宝贝，既然篮球和足球不能同时选，那就选一个自己最喜欢的吧。很多时候我们喜欢的东西都不能同时得到，这个时候我们就需要做出选择。"诺基亚特听了之后问妈妈："那我是选篮球还是足球呢？"妈妈温和地说："宝贝，你要知道，一个人不能同时成为足球运动员和篮球运动员，所以不管你多么喜欢这两种运动，也必须从中选择一项，这样你才能将精力更好地集中在自己最擅长的项目上，你才能在今后的日子里做得更好。"

听了妈妈的话，诺基亚特低下头想了一会儿，说："妈妈，我明白你的意思。我决定选择足球，因为我的个子矮，打篮球不合适，还是足球更适合我。明天老师问我的时候，我就这样说。"妈妈非常高兴，很欣慰诺基亚特学会了如何选择，懂得了根据自身实际情况而放弃，妈妈觉得今后的日子里再遇到类似的问题，诺基亚特会非常从容地应对。

爸爸妈妈需要让孩子明白的是，一个人的时间和精力是有限的，只有学会在前进的道路上有选择地放弃，学会轻装前进，集中时间和精力做自己最擅长的事情，才能收获更多的成功和幸福。在生活和学习中，有多大的力气就使多大的劲头。很多时候，不懂得放弃，贪多求全的结果往往会让我们背上更多的包袱，让自己变得疲惫不堪。

让孩子自己做出选择。孩子独立的意愿比较强烈，面对一件事情，他们往往有自己的观念和判断。也许爸爸妈妈会觉得他们生活经验不足，可能会出现一些错误的判断，但是爸爸妈妈需要明白，这些错误是可以理解的，也是孩子在成功之路上不得不付出的代价。

刘祥盯着商店里的变形金刚就是不愿意走开，妈妈看着他一会儿摸一摸自己的衣兜，一会儿摸一摸玩具爱不释手的样子，便提醒刘祥说："你口袋里面的钱是妈妈给你的这周零花钱，假如你喜欢这个变形金刚，你可以买下，但是这周你就要过苦日子，不但零食没得吃，买作业本的钱估计都不够。"

刘祥听了妈妈的话，想了一会儿，便拉着妈妈的手默默走开了。走了一段路，妈妈问刘祥："你为什么选择不买刚才的那个变形金刚呢？"刘祥有点不好意思，挠了挠头说："我的铅笔盒坏了，想要买一个新的，要是买那个变形金刚的话，我就没新铅笔盒用了。"

在刘祥的选择中，妈妈并没有干涉他，而是帮助他分析了两种选择的结果，让他自己做决定。在长远打算的前提下，刘祥最终理性地做出了选择，放弃购买变形金刚的打算，转而将零花钱用在了购买学习用品上。

　　孩子在面对某些选择的时候，爸爸妈妈最聪明的做法，就是告诉孩子每条路的尽头是什么，做出那样的选择出现什么样的结果，至于怎么选择，则让孩子自己做主。如此一来，在未来的人生道路上，孩子才会汲取经验和教训，懂得如何取舍。

　　当孩子选择的"军师"。让孩子自己去选择，并不意味着爸爸妈妈完全放手，而是引导孩子在了解自己发展优势后做出正确的选择。所以在孩子将要做出重大决定之前，爸爸妈妈可以帮着参谋一下，或者找一些相关的资料，帮助孩子熟悉相关选项，这样对孩子做出正确的选择是很有利的。

　　申申上小学三年级，看到班里面其他同学都参加了课外兴趣学习班，回家之后便跟妈妈说："妈妈，班里的同学都上了学习班，我也想上一个，发展一下兴趣爱好，不然我会被其他同学超越的。"

　　妈妈想了想，便问申申道："你是真想上，还是觉得别人都上你自己不上心理不平衡呢？要是不想上，咱们也没必要上，学习班是建立在兴趣基础上的，没兴趣上了反而不好；假如真的有兴趣，那咱们就报名，学绘画，学音乐，学舞蹈，发展自己的特长。"

　　听妈妈这么一解释，申申最终还是没选择上学习班，他之所以提出上学习班的要求，主要是因为别人都上了而他不上心理上有负担，听了妈妈的话他心理负担一下子消失了，最终做出了决定：学习班不上也罢！

　　也许有时候，孩子所做出的选择由于条件的制约暂时不能实现，但是爸爸妈妈要想办法创造条件，帮助孩子最终实现，这样可以进一步增强孩子选择的积极性。

家教心得

引导孩子学会有选择地放弃，对孩子而言其实是掌握了一种学习和生活的方法：找到取舍的平衡点，让自己轻装前行，今后的道路走起来才会更快速、更轻松。如此一来，孩子在学习和生活中不得不做出选择的时候，就会根据自己的实际情况进行选择，舍弃不必要的负担，轻装前行。

接受一次挑战，在磨砺中让自己变得更好

　　犹太教育学家认为，引导孩子勇敢地接受挑战，对孩子而言是一种非常好的教育方法。因为当孩子勇敢接受挑战之后，他们必然会变得更加勇敢，对学习、生活有一个更加深刻的认知，特别是在应对挑战的过程中，孩子会学习到更多的知识技巧，练就更好的心态。这样一来，孩子在今后的人生道路上必然会变得更有勇气，更善于解决问题。

　　对任何人而言，成功的道路不可能一帆风顺，人人都会在前进的道路上遭遇别人的挑战。有的人选择了逃避，始终不敢正视挑战；有的人面对挑战却能不断地激发自己的潜能，发愤学习，努力工作，最终提升了自己的能力，实现了自己的梦想。

　　正是基于这一认知，在日常生活和学习中，犹太家长非常注重培养孩子的竞争意识，鼓励孩子在生活和学习中要敢于接受挑战，敢于为了梦想而不断地鞭策自己。正是在这种挑战教育引导下，犹太孩子普遍都能正视学习和生活中遇到的困难，敢于正视挑战。正是因为这种挑战教育，犹太民族才会拥有一种勇往直前的精神，一种难能可贵的自信。

　　有一个犹太小男孩，出生于一个富裕家庭，从小就喜欢学习，也

善于学习，一直梦想着要成为一名演说家。但在当时，要成为演说家，不仅要知识渊博、富有辩才，同时要发音清晰、声音洪亮、姿势优美。可是这个孩子自小多病，两肩不平，身材消瘦、矮小，说话的时候时常有耸肩的坏习惯，更糟糕的是他还是一名严重的口吃患者。

当他说出自己的梦想的时候，人们都在嘲笑他异想天开，更有人向他发出了挑战：我能比你早十年成为演说家。向他发出挑战的那个男孩子风华正茂，口才很好，不管是长辈还是身边的小伙伴，都很欣赏他。面对这个强大对手的挑战，小男孩一开始有些犹豫，甚至想要退缩，放弃成为演说家的理想，但他最终下定决心，要通过自己的学习和努力超过眼前这个人，比他更早成为一名演说家。

接受了挑战，他便立即行动起来，每天天刚蒙蒙亮就起床，跑步上山，一边爬山一边大声呼喊，尽量让声音传得更远；爬到山顶之后，他迎风而立，想象着自己面对的是众多的听众，对着山上的树木做演说。有一天，他的家人发现他说话总是含含糊糊的，担心他口吃的毛病越来越严重，便追问他原因，原来他为了改变发音，在嘴里含了小石头。时间长了他的嘴被石子磨出血泡，但是他却没有退缩，咬着牙坚持练习下去。为了改变气短的毛病，他常对着呼啸的海风吟诗；他在家里装上了一面大镜子，每天起早贪黑地对着镜子练习演说；他还经常去看话剧，听别人的讲演，仔细观察别人在表演或演讲时的手势，怎样通过肢体语言表达内心的情感，不断学习别人的演说技巧。与此同时，他还大量地阅读书籍，增加自己的知识储备，不断提高自身的修养。

终于，经过长时间的学习和持之以恒的艰苦训练，几年以后，这个曾经口吃的犹太小男孩登上演说台，不仅声音洪亮、口齿清晰、语调优雅而且姿态潇洒、妙语连珠，获得了极大的成功，很快他便成了一个享誉全国的演说家。而那个先前挑战他的男孩，却一直默默无闻，被大家所遗忘。

一次挑战改变了一个孩子的人生轨迹，让看似不可能实现的理想变得更加真实可期，让原本不甚光明的未来变得更加美好。所以在家庭教育中，爸爸妈妈要引导孩子勇于面对挑战，激励孩子不断地磨砺自己，在前进的道路上勇敢地迈出第一步，如此才能享受到甜美的胜利和久违的幸福。

那么在日常生活中，爸爸妈妈要如何培养孩子的竞争意识，让孩子勇于挑战、乐于挑战呢？

赞赏孩子正当的竞争心理。

"妈妈。告诉你个好消息，这次数学考试，我终于超过同桌，比他高了五个名次！"悦悦高兴地跟妈妈说道。

"哦，这么好，妈妈记得你之前数学成绩比同桌差，怎么这次一下子把同桌超过去了？"妈妈高兴地问道，女儿有了进步，她内心由衷地快乐。

"还不是同桌觉得自己成绩好，说话比较傲慢。之前竟然给我下'战书'，说这次考试能将我甩下十个名次，问我敢不敢接受他的挑战。我当时很生气，他也太看不起人了，所以我就接受了他的挑战，告诉他我不仅不会被甩开，而且还要超过他。为了能够战胜同桌，我将每天多余的时间都用在了学习数学上，这次自然就考好了。"悦悦很自豪地说道。

"哎呀，没想到你这么厉害，勇敢地接受挑战，而且最终赢得了这次竞争，向同桌证明了你的能力，展示了你的价值。妈妈很高兴，真的很高兴，以后遇到这样的情况，就要这样做，勇敢地接受对方的挑战，证明自己不比他们差，这样你才能更快地提升自身能力，实现人生理想！"妈妈表扬悦悦道。

孩子都有强烈的竞争意识，当他们表现出这种意识的时候，爸爸妈妈需要抓住机会进行鼓励，支持孩子的挑战行为，而不是打压和否定。很多时候，爸爸妈妈的支持和鼓励能够为孩子提供巨大的动力，让孩子获得更多的行动勇气，让他们在今后的生活和学习中变得更加乐观勇敢。

巧用孩子的竞争心理。

谢晖的房间总是乱糟糟的，有一天妈妈建议他将自己的房间整理一下，但是没想到谢晖却说："我不喜欢整理房子。"

谢晖的回答让妈妈很生气，追问他道："你自己看看，难道不觉得房间非常乱吗？"但是谢晖依旧理直气壮地告诉妈妈："这有什么关系，我怎么感觉这样很好呢。"妈妈摇头，儿子真是油盐不进，说什么也不收拾。

等了一会儿，妈妈想出一个主意，对谢晖说："儿子，你敢不敢接受妈妈的挑战，妈妈打扫厨房，你就收拾自己的房间，妈妈敢肯定，你一定做得又慢又差。"

"我才不信呢，我一定做得比你好十倍！"谢晖被妈妈的话激怒了，立即收拾起自己的房间来，迎接妈妈的挑战。

孩子不听话，爸爸妈妈不妨给他们一个挑战，这样既锻炼了他们的动手能力，又让他们深深体验了挑战的魅力，让孩子在之后的生活和学习中习惯挑战，敢于接受别人的挑战。

家教心得

给予孩子一颗勇于挑战的心，就等于让孩子掌握了一种不断提升自我的方法，让孩子在做事的时候能够更加积极主动，更加勇敢坚定。试想一下，当孩子具备了这些能力和心态时，他们在学习和生活中是不是会更富有朝气，更快地提升自身解决问题的能力？所以家长要尽早对孩子灌输挑战意识，引导孩子勇敢面对挑战，乐于接受挑战。

遭遇挫折时要懂得反思，才会变得更好

犹太人认为挫折是一种让孩子快速成长的重要"资源"，挫折教育能够给予孩子一种直面人生的勇气，能够让孩子更好地学习和生活。犹太家长相信，适度的挫折能够让孩子更全面地认识自己、调整自己，更灵活地适应环境，当孩子最终成功战胜挫折的时候，他们就会变得更加强大、睿智。

很多有成就的人在和别人说起自己的成功经验时，往往都会提到自己遭遇坎坷能够反思的心态。纵观古今中外，很多成功人士之所以能够不断地取得进步，和这个人在遭遇坎坷时不断地自我反省的心态是密不可分的。很多时候，用反思的心态看待自己遭遇的坎坷能够让人更好地了解自己的缺点，知道自己在什么方面做得不好，然后改正，从而在之后的人生中不断超越自己，不断地取得成功。

对孩子来说，爸爸妈妈培养他们遇到坎坷时懂得反思的精神显得尤为重要。很多时候，孩子在遇到坎坷时缺少一种反思精神，他们不知道自己错在什么地方，将失败的原因全部归结于外部环境，极力否认自己的责任。所以，爸爸妈妈需要在日常生活中慢慢培养孩子的反思精神，引导孩子遭遇坎坷时能够静下心来反思自身不足，能够首先从自身找原因。这样的教育才会让孩子掌握一种直面学习和生活的方法，让孩子能够掌握自己的人生轨迹，变得更加强大。

美国著名教育家塞德尔兹就非常重视培养儿子在遭遇挫折时的自我反思能力，塞德尔兹认为当一个孩子学会了反思自己的行为，那么这个孩子就掌握了一种方法，让他在面对今后的人生时变得更加睿智和坚韧。小塞德尔兹在 7 岁的时候就提前完成了小学教育，那个时候他是班级里面年龄最小的学生，学习成绩通常名列年级前茅，小塞德尔兹也常常以此为荣。

有一次，小塞德尔兹学校组织了一次体育比赛，结果他的成绩却排名倒数第一，小塞德尔兹为此非常难过，整整一个星期都闷闷不乐，情绪失落到了极点。塞德尔兹觉得有必要和儿子进行一次深刻沟通，帮助他正确地看待失败和挫折，引导他进行反思，从失败的废墟中挖掘到人生的宝藏。

塞德尔兹问："儿子，你还在为那件事情而难过吗？"小塞德尔兹很沮丧地说："都是因为我自己太笨，竟然拿到一个倒数第一，这让我觉得很丢人，以后我怎么面对别人呢？"塞德尔兹附和道："是啊，倒数第一的确很伤人，令人很沮丧，但是你想没想过原因呢？任何结果都存在着一定的原因。"小塞德尔兹疑惑地问道："原因，什么原因呢？""因为你的年龄啊，你仔细想想看，在体育比赛中，你的对手都是比你大好几岁的孩子，他们身体发育得更好、更高大、更有力，所以你拿倒数第一是很正常的……""但是我不能因为年龄小就一定要比他们差啊！虽然我的年龄比他们小，个子矮，力气小，我的功课比他们优秀，但是我的体育却比他们差很多，这是多么丢人的事情啊！"还没等父亲说完，小塞德尔兹就打断了他的话。

"不，儿子，你这么说是很不准确的。你要知道，智力可以通过勤奋和学习加以强化和发展，但是年龄却不能，他们比你年龄大，个子比你高，腿比你长，胳膊比你有力，假如他们跑得比你还慢，那岂不是很糟糕的情况吗？而且那也是很不合理的现象，你想想是不是这样？"塞德尔兹耐心地引导着儿子进行反思。但是小塞德尔兹似乎还是没有完全明白其中的道理，他说："听起来似乎有点道理，但我毕竟在体育比赛中得了倒数第一名，我的同学都嘲笑我，我依然会觉得很沮丧。"塞德尔兹耐心地开导儿子："虽然你现在的体育成绩不好，但是这些都是年龄因素造成的，我相信等你到了 12 岁的时候，一定会比你的同学们跑得更快。所以你现在不要在意同学们的嘲笑，因为自己的情况只有自己最明白。"

"真的吗？"小塞德尔兹还是有点不相信。"那当然了，因为我之前已经问过你的体育老师，他说那场比赛本身就对你不公平。他还说你的体育水平在同龄孩子中算优秀的，年龄和你一样的孩子在哪一方面都不如你。所以，你需要静下心来仔细想一想，思考一下我说的话，是对还是错。"就这样，小塞德尔兹明白了一个人生道理：在遭遇坎坷和挫折之时，要学会正视坎坷，学会从自身进行反思，找到原因，这样个人才会始终保持良好的心理状态，走好人生中的每一步。

在日常生活中，爸爸妈妈可以采取类似的办法，引导孩子在失败之后反思整个事件，帮助孩子找到失败的症结所在。不管孩子遭遇到了什么样的困难，家长都需要保持足够的耐心，不要迫不及待地插手，甚至替孩子包办事情，智慧的爸爸妈妈会首先问问孩子："为什么会这样呢？"引导孩子学会思考问题，找到背后的原因，帮助孩子确立一种反思的心态。

让孩子虚心接受别人正确的批评。

斐斐在学校因为上课没有回答出老师的问题而被点名批评，回到家之后便向妈妈抱怨老师，说老师的批评让他很受伤。妈妈告诉斐斐："儿子，为什么老师单单批评了你呢？要静下心来反思一下自己的不足。"

听妈妈这样说，斐斐安静下来，仔细想了一会儿，对妈妈说道："老师之所以批评我，是因为我没回答上问题来。"妈妈引导道："那你为什么没有回答上来呢？"斐斐不好意思地搔了搔头，对妈妈说："我上课走神了，没听到老师讲了什么。"

"所以啊，老师批评你是对的，是不是？"妈妈问斐斐。

"嗯，我以后上课再也不走神了。"

周围人的批评对孩子来说算得上是一种最常见的挫折，特别是在孩子心中，对别人的看法会特别在意。爸爸妈妈引导孩子反思别人的批评，学会坦然面对，从自身寻找不足，这对孩子的成长是非常有利的。那些只懂得接受表扬却不善于反思批评的孩子，长大后在心理上很容易出现问题。

亮亮期中考试语文成绩非常差，回家之后坐在沙发上一言不发，甚至眼中都有了泪花。妈妈安慰亮亮道："儿子，没有什么大不了的，你先坐在沙发上想一想，一会儿妈妈听一下你的想法。"说完妈妈便走出房间，留下亮亮一个人反思。

一会儿，妈妈走出来，问亮亮是否想到了什么。"我觉得语文成绩不好，最直接的原因还是我的作文不好。我打算在以后的时间多看一些书，这样作文成绩才会慢慢提升，语文成绩也会变得更好。"妈妈很高兴，拉着亮亮的手说："嗯，这也是妈妈想说的。走，跟妈妈一起买书去。"

爸爸妈妈在孩子遭遇到挫折的时候，不妨给孩子一个独处的空间，让孩子有时间静下心来想一想失败的原因，这对培养孩子的反思能力是非常重要的。另外，爸爸妈妈也要仔细地倾听孩子在失败后的诉说，鼓励孩子把心里话都说出来，这样一来，必然能够激发孩子思考的欲望和深度。

家 教 心 得

一个在遭遇挫折后善于反思的孩子，往往能够清醒地认识到自己的优点和缺点，在今后的学习和生活中扬长避短，发挥出自己最大的潜能；而一个不善于反省的孩子，则会一次次地犯同样的错误，将自身的发展潜力浪费殆尽。所以说，遇到挫折懂得反思自己的心态是非常重要的，在很大程度上决定了孩子的人生道路。

利用好空闲时间，让孩子学习更高效

犹太人在家庭教育中非常注重培养孩子的时间观念，特别重视培养孩子对空闲时间的感知和利用能力。犹太人认为时间是个人掌握的最重要资源，假如个人能够充分利用有限的时间高效地学习和做事，那么孩子成功实现人生价值的概率就会无限放大；假如孩子对身边的时间熟视无睹，恣意浪费，那么他就会被成功女神所抛弃。

一般而言，孩子的时间观念相对成人往往都比较差，在很多时候，孩子不能根据事情的主次和轻重缓急来安排自己的时间。很多孩子大都凭借自己的兴趣和喜好来运用时间，这样做必然会导致不必要的时间浪费，继而影响孩子的学习效率。更严重的是，孩子对空闲时间的认识不足，缺少整合空闲时间的能力，导致大量空闲时间被无视，造成严重的时间浪费，大大降低了学习的效率。

所以爸爸妈妈需要在日常的生活和学习中，帮助孩子了解时间的重要性，引导孩子珍惜时间，让孩子能够利用有限的时间做好自己的事情。人们常说时间就是生命，爸爸妈妈要想让孩子学习更好，生活更从容幸福，就必须尽早地引导孩子树立起时间观念，只有让孩子懂得珍惜每一分每一秒的时间，他们在今后的人生道路上才不至于漠视时间，浪费生命，才能更高效地利用好时间资源，不断地提升自身的能力。

　　刚刚上小学二年级的平平最近一段时间一回到家就跟妈妈抱怨自己的时间不够用。原来平平家离学校比较远，每天回家坐公交车就需要坐上半个小时，而且等车的时候也会等上很久。每天下午6点回到家，写半个小时的作业，再看半小时的动画片，就到吃晚饭的时间了。吃过饭后继续写作业，因为第二天要早起上学，所以平平一般在9：30就要睡觉。这样算下来，平平的时间还真的有点紧张。

　　后来妈妈帮着平平想了一个办法，妈妈让平平把每天要记住的词语和知识要点写在卡片上，然后装在衣兜中，这样就可以利用等公交车的时间或者坐公交车的时间进行背诵，到了学校或者回到家，也就把那些需要记住的单词都记住了。这样一来，至少可以节省20分钟的时间。等回到家里，妈妈让平平再把在学校学到的知识复习一遍，剩下的时间再看动画片，如此时间可以富裕很多。经过妈妈这番周密的安排，平平不仅把老师布置的任务都按时完成了，而且还做得非常轻松愉快。

　　当然妈妈平时也非常注重培养平平提升学习效率的习惯，妈妈时常对平平讲学习效率的重要性，累了就要休息一会儿，而不是硬撑着继续学习。所以妈妈除了要求平平多看书、多看报之外，还会督促他多休息，保证足够的睡眠。

　　有一次平平为了第二天的语文考试，准备夜里"通宵"看书，一直到晚上12点还不休息。妈妈对平平说："儿子，现在都12点了，我想你们班里每一个同学都非常认真地学习。既然大家都一样努力，我觉得谁睡得好，第二天有精神，谁就考得好。书是永远也看不完的，以后有的是时间看呢！"听了妈妈的话，平平就放下了没读完的书，安心地上床睡觉了。

　　爸爸妈妈需要知道的是，当孩子嚷嚷着时间不够用的时候，并不是孩子的时间少了，真不够用，而是他们忽视了空闲时间，将大量的时间浪费掉了。原本孩子可以用空闲时间去做很多事情，但是因为他们没有什么时间观念，不懂得统筹时间，所以很多时间便在这种无意识状态中被浪费掉了。这个时候就需要爸爸妈妈帮助孩子统筹一下孩子的空闲时间，让孩子将之前没有意识到的零散时间利用起来，孩子手中的时间资源自然也就增加了。

　　那么家长在日常生活中，应该怎么培养孩子珍惜时间的习惯呢？

　　给孩子买一个手表和闹钟。现在很多孩子浪费时间，很重要的一个原因是他们在做事情时总会习惯性地忽视时间的存在。但是手表和闹钟却从来不会忘记任何的时间，除非孩子故意不戴手表或者不给闹钟上弦，而且爸爸妈妈还要明白一点——在孩子眼中，闹钟对孩子而言有一种爸爸妈妈没有的威严性，有时候比爸爸妈妈喊十遍"起床了"更有效果。而手表则能随时随地提醒孩子注意时间，避免孩子忽视时间的存在，一味地浪费时间。

　　为了让悦悦改正做事懒散不珍惜时间的坏习惯，爸爸便给他买了一块手表。有一次，悦悦起床之后磨磨蹭蹭，爸爸妈妈都把早饭吃完了，他还没有洗漱完。于是爸爸便指着悦悦手腕上的手表问他："你知道现在几点了吗？"悦悦似乎意识到什么，连忙看了看手表，发现上学就要迟到了，动作一下子变麻利了很多。后来一遇到悦悦懒散浪费时间，爸爸就会提醒他看一看手表，这样悦悦就会意识到时间很紧迫。次数多了，悦悦也就慢慢养成了看手表的习惯，时间观念越来越强，做事的效率也随之提升了不少。

和孩子约定做事的起止点。很多孩子之所以浪费时间，其实最根本的原因还是在于对时间没有什么直观的认知，在不知不觉中将宝贵的时间浪费掉了。所以，爸爸妈妈最好能够在孩子做事的时候给他们设定一个起止时间点，限定孩子在一段时间内完成某项任务，这样孩子就会对时间有一个直观的认识，在之后的学习和生活中自然对时间格外重视起来。

形形做事总是拖拖拉拉，不管做什么事情都慢腾腾的。为了让形形提升做事效率，养成一个珍惜时间的好习惯，妈妈便想了一个方法：每当形形做事的时候，妈妈便会给她规定一个起止时间，比如晚饭 7 点开始，7:30 必须吃完，时间一到，不管形形吃没吃完，妈妈都会立刻收拾桌子。如此一来，形形做事的效率慢慢高了起来。

爸爸妈妈要知道的是，让孩子学会珍惜时间，并不等于让孩子一天 24 个小时都坐在桌子前学习或者去做家长指定的事情。让孩子一味地学习，不懂得适当地休息，不是珍惜时间，而是毁掉孩子的工作效率，让他们慢慢变得拖拉起来。所以，爸爸妈妈最好能引导孩子合理地利用时间，做什么事情都要高效起来，这才是真正意义上的珍惜时间。

家教心得

掌握了时间，就等于掌握了人生。孩子正处于学习的黄金年龄阶段，引导孩子尽早树立起珍惜时间的意识，培养孩子整合时间资源的能力，对孩子今后的成长无疑会起到巨大的推动作用。爸爸妈妈在家庭教育中要重视孩子的时间教育，这样孩子才会将自己的人生真正掌握在自己手中。

今天的事情今天做完，你才会不断进步

犹太民族是一个敢于实践的民族，言出则行动跟随。犹太人认为实践是解决问题的最佳方法，假如一个人制定了远大的目标，却始终不去实践，拖拖拉拉，犹犹豫豫，那么这个人终其一生也不会做出什么像样的成绩，实现不了人生价值。所以犹太人在教育孩子时，就特别重视对孩子进行实践教育，引导孩子"今日事今日毕"，在规定的时间内完成既定的小目标。当孩子养成了这样的习惯，那么他们在今后的学习和生活中才会一步一个脚印，快速坚定地实现人生价值。

做事拖拉磨蹭是很多孩子身上的通病，有些家长甚至认为这是孩子的一种天性，认为孩子拖拉一些是很自然的事情。爸爸妈妈有这种想法是很危险的，做事拖拉对孩子而言是一种精神上的腐蚀剂，是一种不良的生活和学习习惯。今天的事情做不完，推到明天，明天再推到后天，那么这势必会造成一个恶性循环，最终让孩子一事无成。

今日事今日毕是自制力的一种表现，今天的事情一定在今天做完，哪怕要熬夜晚点休息。纵观古今中外，有成就的人往往都能做到今日事今日毕，通过不断地实现一个个小目标完成人生的蜕变。所以要想让孩子有所成就，那么就要在日常生活中培养"今日事今日毕"的习惯，让孩子摆脱拖拉的坏习惯。

在比尔·盖茨小的时候，他的家乡每年都要举办一场阅读比赛。比赛的主办方是当地的图书馆，只要阅读能力和背诵能力比较出色的人都可以参加。在这个比赛中，比尔·盖茨总能跻身前三名，甚至有些年份他还能将冠军奖杯领回家。

因此家乡的人将比尔·盖茨视为神童，但是却不知道他有着自己的小秘密。原来小时候的比尔·盖茨一直有着阅读的好习惯，在他9岁的那一年，就将《百科全书》看完了。11岁那年则能背诵《马太福音》里面很多的段落。其实比尔·盖茨取得的这些成就都归功于他的外婆，正是外婆教会了他"今日事今日毕"，才使得比尔·盖茨有了长足的进步。

外婆每天要求比尔·盖茨背诵一段名著段落，思考一些问题，完不成这些任务，就不允许盖茨去玩耍。而小盖茨也一直按照外婆的要求，坚持将每天的背诵任务完成。每当遇到困难的时候，他就告诉自己，今天的事情就要今天做完，因为在明天，还有更多的事情在等待着自己。在这样的不断训练之下，盖茨一天天成长起来，一直到成为商界领袖，他也从来不会将今天的事情推到第二天。

成功之后，比尔·盖茨也时常告诫自己的子女，要求他们把握好今天，因为今天永远都是最重要的。

今日事今日毕，让我们能够利用好身边的每一分钟，做好手中的每一件事情。假如总是习惯性地站在今天望明天，却不知道明日的明日何其多，而最终的明日便是人生的终点。如此一来，孩子们不仅经营不好今天，明天也会在拖延中悄悄溜走了。

那么爸爸妈妈在日常生活中怎么培养孩子"今日事今日毕"的

好习惯，引导孩子对自己的人生负责呢？

培养孩子的时间观念。没有时间观念的孩子做起事情来总会拖拖拉拉，做一会儿玩一会儿，根本没有什么计划性，这样还何谈"今日事今日毕"呢？爸爸妈妈想要让孩子养成"今日事今日毕"的好习惯，首先需要从培养孩子的时间观念做起。

卫龙今年上小学二年级，时间观念比较差，当天要完成的作业总是拖到很晚才写，写完之后还要翻一下漫画书，摆弄一下他的动漫卡片，爸爸妈妈不催促，他从来不知道早点上床睡觉。

有一天，妈妈忘记督促卫龙，他竟然玩到晚上 12 点钟还不睡觉。结果第二天因为睡眠不足，卫龙上课打瞌睡被老师批评了一顿。回家之后卫龙很委屈地向妈妈告状，妈妈趁机教育他道："老师批评得很对，谁叫你晚上睡得那么晚，第二天上课打瞌睡。宝贝，你要树立起良好的时间观念，这样你的学习才会更轻松。"之后妈妈专门为卫龙制定了一个严格的作息时间表，从那之后，卫龙按照这个作息时间表安排自己的生活和学习，时间观念强了很多。

生活中，爸爸妈妈可以有意识地培养孩子的时间观念，让孩子明白什么时候应该做什么事情，什么时候不能做什么事情，如此一来，他们才能约束好自己的行为，将每天的事情做完。

告诉孩子，做事之前一定要有计划。要想今日事今日毕，最好做事能够按照计划行事，这样的话，即使再粗心、再贪玩的孩子也会将一天的事情做完。必须要对孩子强调的是，计划并不是可有可无的工序，从某种意义上说，它起到了一种引导强化作用，能够让孩子将每天的事情安排得严谨有序，继而顺利完成。

上小学二年级的悠悠做事总是没有头绪，以至于当天的事情很多都做不完，为此被老师批评了几次。爸爸觉得悠悠之所以做不完当天的事情，和她做事没计划关系很大，所以从那以后很注重培养悠悠做事的计划性。

有一次，悠悠想去游乐场，爸爸便问她："你计划好了没，想和谁一起去？去之前作业写完了没有，回来之后还需要做些什么事情？"悠悠想了想，说："我还没计划好。"爸爸便告诉她："没有将前前后后的事情计划好，就不要说，计划好才可以去。"后来悠悠将一天的事情做了一个计划：上午9点去游乐园玩，10:30回家做作业，下午2点练习毛笔字……爸爸看了之后才答应悠悠的请求，让她去游乐园玩耍。

对待每天的事情做不完的孩子，最好的办法就是让他们自己将一天的事情做一个计划，并要求他们严格执行这个计划。如此一来，孩子才会对时间有一个更加清晰的认知，才会将事情一一做完。

家 教 心 得

今日事今日毕，本质上是一种计划精神，当孩子能够养成这种做事习惯，就等于掌握了一种让学习和生活不断变得更加美好的方法。这样，孩子每天都能完成既定的目标和任务，积少成多，最终必然会实现理想，攀登上人生的巅峰。

参加一次辩论赛，爸爸妈妈看好你

有些人认为，成功对孩子而言似乎还是很遥远的事情，那是长大之后才会考虑的东西。其实不然，在犹太人眼中，成功无所谓早晚，无所谓大小。犹太人认为，对孩子而言，再小的成功也代表着一种精神，代表着一种尝试，是一种精神上的肯定和收获。孩子必须尽早品尝成功的滋味，如此，在孩子心目中才会升起对成功的强烈渴求，这样的孩子才能在今后的学习和生活中不断地发现自身潜能，实现自身的真正价值。

很多孩子身上都存在这样的毛病：内心想法很多，但是不善于表达，最终和成功失之交臂。虽然爸爸妈妈每次提醒他们要勇敢，要善于表达自己的观点，但是效果却很小。之所以这样，一个最主要的原因在于现在的孩子所处的生活和学习环境太过安逸，缺少压力，缺乏强力的引导，他们自然也就不会主动改变自己。

南南是一个很爱害羞的男孩子，即使和熟悉的亲朋打招呼都会脸红。每学期老师的评语也是固定的那么一条：望以后上课时踊跃发言，积极参与。妈妈为此伤透了脑筋，现在社会竞争非常激烈，想要在这个社会上立足，除了要具备丰富的科学文化知识外，还需要优秀的表达能力。

为了改变儿子的这一弱点，妈妈想了很多的办法，比如带南南参加一些聚会，带他出去旅游，甚至专门拜访了南南的班主任，请求她上课的时候多提问南南，给他"开小灶"，妈妈还专门给南南买了很多训练表达能力的书籍，和他一块儿学习，但是这些方法效果都不是很好，南南依然还是那么害羞，不善于表达自己内心的想法。

有一次，南南学校要组织一场辩论赛，每个班级要挑选三名辩手，同学们都觉得南南看的书多，所以一致推荐他代表班级参赛。这下可把南南急坏了，回家之后就跟妈妈倒苦水："妈妈，他们推举我当辩手，这下我该怎么办啊，当着那么多的老师和同学，还不能照着稿子念，什么问题都需要即兴发挥，我很害怕！"

妈妈觉得这是一个好机会，于是立刻鼓励南南道："大家推荐你当辩手，是对你的信任，也是锻炼你表达能力的好机会，只要你事前做好了充足的准备，就没有什么好怕的。"接下来妈妈还向南南讲述了自己的经历：原来妈妈小时候也像南南一样，不善于表达自己的想法，不管见到什么人，一说话就脸红，长大之后也是这样，但是命运却跟她开了一个玩笑，工作之后当了一个部门的主管，需要经常在人前讲话。一开始妈妈真的被难住了，但是最后狠了狠心，不断地逼迫自己，利用空闲时间进行口才锻炼，虽然最开始一站在人前说话总是磕磕巴巴，但是最终还是会硬着头皮讲完。时间一长，妈妈便摸索出了演讲的一些技巧，积累了丰富的经验，最终改变了自己不善言辞的形象。

妈妈的经历给南南很大的鼓励和信心，接下来妈妈陪着南南一起做准备，查找一些辩论资料，寻找理论依据，帮助南南写辩论文稿。而且妈妈还仔细审读了几遍，在文稿边沿做了一些批注，比如一旦反方提出一些反对意见该怎么办，等等。后来妈妈让南南在自己面前反复背诵，边检查边指导他辩论时的手势和语气，哪个地方该加重语气，哪个地方该放慢语速……

为了让南南不断地逼迫出自己的潜能，妈妈还充当了反方辩手，找了很多反方的理论资料，和南南在家模拟了一场辩论会。在反复的辩论中，南南再也没有了最初的羞涩，挖空心思要战胜妈妈，妙语连珠，一会儿犀利，一会儿诙谐，让妈妈连连喝彩。

著名思想家茨威格说："世界上最辉煌的事业就是使一个人站起来。"其实这句话也适合我们的家庭教育，爸爸妈妈教育孩子的最终目的就是帮助他们站立于这个社会之上，给予他们必要的方法，引导他们快速地实现自我价值。日常教育中，爸爸妈妈要善于发现机会，引导孩子不断地发掘自身潜能，练就良好的口头表达能力，为孩子长大之后的事业之路储备一项重要的能力。

要想提升孩子的语言表达能力，让他们的口才变得越来越好，仅仅靠平时和孩子的交流是远远不够的。爸爸妈妈在日常家庭生活中，可以多和孩子玩一些语言类的游戏，比如成语接龙比赛、家庭辩论比赛、家庭演讲比赛、猜谜比赛等。

为了锻炼儿子的口才，爸爸妈妈经常和儿子一起玩语言游戏。每次都是妈妈在一边做考官，爸爸和儿子竞赛。妈妈问："天空是蓝色的，大地呢？"爸爸就抢着回答道："大地是黄色的。"见爸爸先声夺人，儿子便鼓足了劲头，在妈妈刚刚说了"梨子是黄色的，苹果……"的时候，他便抢着说道："苹果是红色的。"

爸爸妈妈采用语言竞赛的方式"逼迫"孩子，不仅可以锻炼他们的语言反应能力，而且还能丰富他们的语言储备，让他们觉得说话是一种有趣的事情。同时，这种语言游戏还能锻炼孩子的想象能力、发散思维、应变能力等。

引导孩子将话语说丰富。和孩子交流时，爸爸妈妈要有耐心，孩子表达不对或者出了差错的时候，不要动辄就批评甚至讽刺，这样会大大挫伤他们的说话积极性。

赵凤国回家之后高兴地跟妈妈说："妈妈，今天王老师在上课的时候表扬我了。"妈妈一听也高兴起来，连忙询问事情的经过。赵凤国便自豪地说："老师说昨天的语文测试班里只有三个人得了满分，而我就是其中一个！""是吗，那你跟妈妈说说，当老师公布成绩之前，班里的气氛怎么样？"妈妈引导说。

"那时候很安静……"赵凤国刚说到这儿，妈妈便打断了他的话："妈妈记得有个成语就是说的这种气氛，叫'鸦'什么来……""鸦雀无声！""对！对！"妈妈一个劲地附和道。接着在妈妈的引导下，赵凤国将当时的情况完整地说了一遍，其间妈妈针对他的用词，不断地引导，让赵凤国的词汇越来越丰富。

爸爸妈妈在家庭生活中，需要不断地积累孩子的词汇量，当孩子掌握了足够丰富的词汇之后，他们表达的欲望自然也就高涨了。

家 教 心 得

让孩子尽早地感受到成功的滋味，让他们感受到成功的喜悦。这
样一来，在孩子的内心中必然会滋生出对成功的无限渴望，会促使孩
子在今后的人生道路上越来越勤奋，越来越积极主动，不得不说这是
一种很好的教育方法。

第二章
性格决定人生，犹太人懂得如何塑造自己

　　世界著名科学家爱因斯坦曾经说："智力上的成就很大程度依赖于性格上的伟大。"具有良好性格的人，态度积极，个性开朗，心情愉快，处世乐观，能与人和谐相处。因此，具有良好性格的人，不仅学业容易成功，而且事业也容易成功。性格是个性中最核心、最本质的表现，贯穿于一个人的全部行动之中，是反映一个人心理健康的重要指标。性格不是与生俱来的，他具有可塑性。爸爸妈妈在日常生活中，抓住机会塑造孩子的良好性格就显得尤为重要。

为卖火柴的小女孩祈福

　　犹太家长认为，孩子的心灵就像一张未经渲染的白纸，很容易受到真善美的熏陶，也容易被假恶丑所污染。社会发展的主旋律是呼唤善良，提倡互助，拥有善良性格的孩子在长大走入社会时才能更好地融入进去，获得周围人善意的回应。所以犹太家长在日常生活中，很重视对孩子进行真善美教育，引导孩子不仅要爱自己，更要善待身边的人，善意回应别人，帮助别人。

　　当前，很多家长总是习惯站在成人的角度来教育孩子，觉得这个社会充满了风险，甚至是险恶的，教孩子怎么去防范他人，让孩子不要轻易相信别人，等等。这种教育使得孩子幼小的心灵失去了对良善的感知，在处处提防心理的作用下，心中的善良自然也就少之又少。睿智的家长知道，即使这个社会存在着阴暗的一面，但始终掩盖不了光明的一面，不会因为存在着假恶丑而放弃对真善美的追求。所以在生活中，他们总是会把善良的一面展示给孩子，让孩子相信这个世界依旧充满了美好。在这种言行的熏陶下，孩子心中就会慢慢扎下善良的种子，永存善念，引导孩子用善良之心对待周围的人。

　　艾丽西亚在看《卖火柴的小女孩》画册，妈妈则坐在艾丽西亚身边，和她一起分享画册上的故事。妈妈说："宝贝，这个故事真的太令人伤感了，那个小女孩最终还是没能活下来。你看，那个卖火柴的小姑娘每点燃一根火柴都会出现一次幻觉：点燃第一根的时候，因为身上寒冷，所以就想象自己坐在大火炉旁边；点燃第二根火柴的时候，因为感觉肚子饿，所以幻想火光中出现了烤鹅；点燃第三根的时候，小女孩看到了圣诞树，这是因为她太孤单了，又冷又饿，没人心疼，因为唯一疼爱她的奶奶去世了……"

艾丽西亚打断了妈妈的话，大声地说："那个小女孩并没有真的死掉，她一定是飞到了天上，去天堂享受幸福了，她的奶奶在那里等着她，她从此不用挨饿受冻，也不会再孤单了。"

妈妈一下子愣住了，艾丽西亚怎么会有这种想法呢？转念一想，妈妈立即高兴起来，她觉得艾丽西亚有这样的想法，就表示她的心是善良的，对卖火柴的小女孩充满了同情，希望她最终能够获得幸福。于是妈妈立即附和道："对，卖火柴的小女孩一定是去天堂看她的奶奶去了。"紧接着妈妈又循循善诱地问艾丽西亚："假如你现在看到那个卖火柴的小女孩，你会帮助她吗？"艾丽西亚挥动着手臂，很郑重地说道："我会把妈妈给的好吃的给她，那件我喜欢的衣服也送给她。"妈妈抚摸着艾丽西亚的头说："对，宝贝，就是要那么做。"受到妈妈的肯定和鼓励，艾丽西亚如吃了蜂蜜般高兴。

孩子心中的善良家长要在生活中时刻培养滋润，引导启发。要知道，善良是一种美德，更是一种无形的社会生存能力，作为孩子的父母，绝对不能放弃对孩子进行良善教育。一位儿童教育家说："只知道索取，不知道付出，只知道爱自己，不懂得爱别人，是孩子身上的通病。"所以，在家庭教育中，爸爸妈妈要有针对性地对孩子进行良善教育，爸爸妈妈要坚信，善良的人虽然有可能被人欺负，遭受一时的挫折，却符合社会的主流意识，善良的人终将会获得社会的认可，得到别人的好感，获得最终的幸福。善良的孩子将来走入社会，会有一个良好的人际关系，也会拥有更好的生活和工作。

一个适应社会的孩子，不仅需要强健的体魄和坚韧的毅力，更需要一颗善良的心。对孩子善良性格的培养需要家长循序渐进地引导，尤其是在生活中的熏陶。只要在孩子心中种下良善的种子，那么今后孩子的一生将会受益良多。在日常生活中，爸爸妈妈要怎么培养孩子善良的性格呢？

培养孩子善良的最好方法是在家里面饲养一些小动物，比如小狗、小猫之类的，并让孩子具体参与到照顾小动物的活动中，给小狗喂食，给小猫洗澡，等等。在这个过程中，孩子能够学会照顾弱小的生命，慢慢培养出良善之心。

为了培养女儿的善良性格，妈妈从同事家要了一只可爱的小花猫。有一天，妈妈发现女儿在打小猫，于是提醒她说："怎么能欺负小猫呢？你打了它，它肯定会疼的。作为小主人，你应该保护它，而不是伤害它。"听了妈妈的话，女儿果然不打小猫了，而且真的将自己当成了小猫的主人，将小猫抱在了怀里，玩耍起来。

当孩子出现虐待小动物倾向的时候，爸爸妈妈要严厉地批评教育，告诉他们说："不许打小动物，你想一想，要是别人也打你，你会高兴吗？"在户外遇到受伤的小动物时，应该鼓励救治，而不是熟视无睹，这个时候妈妈可以说："宝贝，看它受伤了，一定会很疼，我们帮帮它吧。"

让孩子亲近良善的最好方法是家长以身作则，在日常生活中和邻里友善相处，乐于帮助别人。都说家长是孩子生命中的第一位老师，这话一点也不假，当家长处处践行良善的时候，孩子在这个过程中耳濡目染，自然也就有了向善之心。当孩子意识不到这和行为意义的时候，妈妈可以反问启迪孩子，妈妈可以问孩子："你知道刚才在做什么吗？"孩子一定会思考，然后回答："妈妈在帮助别人。"这个时候妈妈就可以顺水推舟地说："宝贝真聪明，知道妈妈在帮助别人呢，你是不是也会帮助别人呢？"这样一来，孩子以后就会自觉地亲近良善，主动帮助别人。

另外，在孩子犯错误的时候，家长最好不要采用暴力的教育方法，不然很容易让孩子的心灵也滋生暴力倾向。当孩子犯错误的时候，妈妈最好能耐心地说服，然后问他们："这次知道自己错在什么地方了吗？"当孩子回答后，应该适当安抚，做到宽严相济，如此才是教育孩子的最好办法。

家教心得

善良是人性中最光辉的部分，善良的人总是能够让身边的人感受到温暖、愉悦。所以善良的人从来不缺少朋友，能够很快地融入集体中，被社会所接纳。爸爸妈妈在家庭教育中要重视孩子的善良教育，引导孩子亲近善良，践行善良，如此，孩子才能在社会生活中如鱼得水。

勇敢参加比赛，你是最棒的

犹太家长非常注重培养孩子的自信性格，他们认为，对孩子而言，只有具备强大的自信心，才会客观地看待自身能力，勇敢地面对生活和学习中的各种挑战，树立起一往无前的精神，为实现人生理想不断地奋斗。

现在很多父母都有这样的苦恼，那就是孩子普遍缺乏自信心，不管做什么事情，总是羞羞怯怯，担心自己做不好。爸爸妈妈需要明白的是，自信心是孩子成功和成才的前提条件，是孩子在社会立足的重要资本，很难想象一个缺乏自信心的孩子最终能做出什么让人惊叹的成就。一个没有自信心的孩子，即使头脑再聪明，反应再敏捷，在生活和学习中稍遇挫折就会出现问题，甚至会因为一个小小的挫折而一蹶不振。而一个充满自信的孩子则不怕困难，敢于积极地尝试新事物，获得更多的知识和经验，取得更好的成绩。

内塔今年 13 岁，身体发育得很好，个头已经和妈妈差不多了。但是让妈妈头疼的是，尽管内塔个头高，但是做起事情来却比较胆怯，对自己没有什么信心。不管面对什么事情，内塔总是习惯性地说"不行"。妈妈觉得如果放任内塔这样下去，将对他今后的成长非常不利，长大后走进社会肯定会处处碰壁。所以妈妈一直想要找个机会帮助内塔建立自信。

有一次，内塔学校里举办运动会，老师想让他代表班里参加跳远比赛。内塔并没有立即答应老师，而是说要考虑一下。回家后，内塔跟妈妈提起这件事，妈妈很高兴地说："这是一件好事啊，老师让你代表班级参加学校的比赛，说明看重你的运动能力，欣赏你。"可是内塔却低着头说："不行的，我怕！"妈妈鼓励内塔："参加个运动会，有什么好怕的，你现在个头都比妈妈高，已经是一个小男子汉了，即使跳成最后一名，也没有什么大不了的，体育比赛讲究参与第一，成绩第二。妈妈相信只要你对自己充满信心，在比赛中正常发挥，成绩一定不会差的。"

听妈妈这么说，内塔害怕抵触的情绪有些软化。妈妈继续鼓励他："宝贝，老师之所以让你参加而不是让其他人参加，说明在老师的眼中，你拥有别人所不具备的跳远能力，老师觉得你很棒！""真的吗？"内塔问道。"真的啊，妈妈从来没有骗过你的！你比赛的那天，妈妈还会去学校为你加油呢，妈妈相信你一定能获得好成绩！"妈妈郑重地告诉内塔。

在妈妈的鼓励下，内塔报名参加了学校运动会的跳远比赛。比赛那天，妈妈真的到场为他加油，看到妈妈到来，内塔的信心也空前暴涨，再加上身高腿长的优势，很轻松地拿了个第二名。这样的成绩让妈妈高兴不已，对内塔也是一次巨大的鼓舞，那次比赛之后，妈妈发现内塔做事情有了自信，就连之前常说的那句"我不行"也不经常说了。

在家庭教育中，爸爸妈妈要明白的一点是，自信心是一个人能力的支柱，是孩子成功融入社会的基础。一个没有什么自信心的人，是不可能取得重大成就的。自信心也是打开一个人潜能大门的钥匙，没有什么自信心的孩子，不可能成长为真正的人才，不会真正获得社会的肯定。

没有什么自信心的孩子，是做不好事情的，他们看起来怯懦、无力、柔弱，和周围的环境格格不入。对孩子而言，生活和学习需要强大的自信心来支撑，才会变得丰富多彩。所以，爸爸妈妈要尽早帮助孩子树立起自信心，引导孩子塑造性格上的自信。

对那些胆小懦弱的孩子，爸爸妈妈可以试着让他们独立地完成一件事情，让孩子在独自做事的过程中渐渐找到自信。比如可以鼓励小男孩换灯泡，让小女孩缝补衣服，在这个过程中增强他们的信心，让孩子觉得自己可以做好一件事情，继而就能做好更多的事情。

很多孩子存在着一种思维惯性：他们习惯寻找别人身上的优点，将之和自己的缺点做比较。这类孩子自卑倾向就比较强，不管做什么事情都会先想到自己的缺点，不曾尝试就觉得自己不行，做不好，即使勉强做了也会缩手缩脚，最终的结果自然就是什么事情都做不好、做不精。

要想帮助孩子建立自信，爸爸妈妈就要让孩子发现自己身上的闪光点，认识到自己的优点和长处，让孩子看到人生道路上的希望，相信自己有能力面对各种挑战。这样才能激发他们的进取精神，进一步增强自信心。

伟伟学习成绩比较差，爸爸为了能够让他的成绩提升上去，曾经给伟伟请过家教，请学校的老师特别照顾他，但是成效却不大，伟伟的成绩一直在班级下游徘徊着。渐渐地，伟伟似乎对自己也失去了信心，开始破罐子破摔。

一次偶然的机会，爸爸很惊奇地发现，虽然伟伟的学习成绩不怎么好，但是他很有爱心，喜欢帮助别人，比如每次班里打扫卫生，他总是抢着做；为同学修理一些坏掉的文具，甚至为受欺负的同学打抱不平。爸爸意识到这个发现是一个让伟伟重拾自信的机会，便找了一个机会夸奖伟伟道："宝贝，爸爸发现你很善于帮助别人，这种精神让爸爸感到自豪，以后我会告诉周围的人，我儿子真了不起啊！"

由于爸爸的夸奖和鼓励，让伟伟觉得很受鼓舞，从那以后伟伟在班里更乐于助人了，后来被老师和同学一致推荐为班长。当了班长之后的伟伟更加自信起来，不但很认真地完成班长职责内的事情，还想在其他方面起到带头作用。想到自己一直落后的成绩，伟伟便下定决心：今后一定更加努力，将自己的学习成绩提升上去，给其他同学做好榜样！

就这样，经过半年多的努力，伟伟的成绩虽然不是班里最好的，但是和以前相比，他的进步非常大，让爸爸妈妈以及老师惊讶不已。

爸爸妈妈要学会用发展的眼光看待孩子，对他们取得的点滴进步加以肯定和夸奖，鼓励他们，这样才能慢慢改变孩子的自卑心态，帮助他们逐渐变得自信起来。假如在孩子兴冲冲地说"我这次考试进步了"时，爸爸妈妈却讽刺"这点成绩得意什么，离第一名还差得远呢！"这样的回答只会打击孩子的信心，让他们变得越来越自卑。

随时鼓励和表扬孩子。当孩子不敢参加比赛、害怕考试的时候，妈妈可以这样告诉孩子："宝贝，你要相信自己的实力，参加比赛和考试能让你了解自己的不足，从而更好地提升自己。"爸爸妈妈这个时候要鼓励孩子多参加一些竞争性的比赛和考试，以期从中找到孩子最擅长的一方面，从这一方面入手，培养自信心。

当孩子总是觉得自己比别人弱小，盲目自卑的时候，爸爸妈妈应该多对孩子说"你是最棒的！"在日常生活中，不管什么事情，孩子总有做好的一方面，这个时候爸爸妈妈可以抓住孩子做好的一方面，及时地赞扬他们，比如可以说"你真棒，做得真好，连爸爸妈妈都不能做得这么好呢！"这样一来，在爸爸妈妈的鼓励下，孩子的自信心会一点点地积累起来，到最后会发生质变，将自身潜能完全释放出来。

当孩子遭遇挫折心灰意冷的时候，妈妈可以这样跟孩子说："宝贝，失败了没有什么关系，下次你一定会成功的。"很多时候，孩子在学习和生活中会遭遇一些挫折，这个时候爸爸妈妈要正确地引导他们，让孩子学会勇敢自信地面对挫折。

爸爸妈妈可以让孩子摆放一下碗筷、盛饭，给奶奶拿眼镜，或者去信箱拿报纸、买东西，等等，当孩子做好这些事情，就立即表扬他们。当然，也可以给他们安排一些比较困难的事情，比如洗毛巾、擦皮鞋、整理自己的房间等，只要做好了就要大声表扬，渐渐地就会树立起自信心来。爸爸妈妈要注意发掘孩子的优点，正确地去把握，创造适当的机会让孩子的优点闪耀，让孩子在这一过程中品尝成功的喜悦。次数多了，孩子就会慢慢地树立起自信。

爸爸妈妈也可以给孩子多讲一些名人自信的故事，或者推荐孩子多看一些展示自信重要性的电影。比如给孩子讲日本著名学者板本保之介的故事：有个男孩子小学时在 500 名学生中排名 470 位。他认为自己脑子笨，非常自卑。后来其父教育他说：你无论上山捉鸟还是下河捉鱼，都比别人干得出色。我教你下象棋或下围棋的规则，你也是一学就会，这说明你并不比别人笨。他听了父亲的话，觉得很有道理，于是立志学习，一个暑假就把落下的课程补上，跃居前十名。

爸爸妈妈还可以推荐孩子观看电影《阿甘正传》，电影中的阿甘是一个弱智儿，但是他的母亲却始终相信他能够自己做好任何的事情，她也把这种固执的自信灌输给了儿子。最终阿甘在自信心的支撑下成了越战英雄、运动健将和百万富翁。在阿甘身上，始终洋溢着一种乐观向上的自信气质，让每一个和他接触的人都深受感染。

家 教 心 得

自信的个性会让孩子更好地应对社会挑战，更轻松地挖掘自身潜能。在家庭教育中，爸爸妈妈需要不断地强化孩子的自信心，培养孩子自信做事的习惯，如此，当孩子独自面对社会时，才能做得更好。

和同学发生冲突的时候退一步

雨果曾经说过这样的话，"世界上最宽阔的是海洋，比海洋更宽阔的是天空，比天空更宽阔的是人的胸怀"。在我们的生活中，经常会看到这样的情景：两个孩子扭打在一起，你扯着他的衣领，他扯着你的衣袖；或者就是你一脚我一拳地大打出手。看到这样的情景，相信父母肯定会胆战心惊，孩子还小，下手没有轻重之分，甚至有时候会拿着砖头、铁条之类的相互攻击，大有把对方置之死地的架势。犹太人在教育孩子时会灌输一种谦让隐忍精神，引导孩子在出现矛盾时以宽容之心相待。正是这种独特的教育理念造就了犹太民族的宽广胸怀。

其实仔细分析下孩子打架的原因，我们就会发现，都是因为一些鸡毛蒜皮的小事情引起的，根源上就是没有容人之心。所以，从小培养孩子的宽容之心，对孩子今后适应社会有着很大的作用，很多时候，怀有一颗宽容的心，可以让孩子在成长的道路上获得更为和谐的人际关系，得到更多人的认可和帮助，继而更快地实现人生价值。

晨晨是个很听话的孩子，不管在爸爸妈妈还是在老师眼中，都很出色。但是晨晨有一点很让爸爸妈妈伤脑筋——爱告状，只要有一点小事情他就会告诉爸爸妈妈或者师长，挑别人的不是，告别人的小状。

有一次，晨晨告诉妈妈说："妈妈，放学的时候亮亮在校门口把我撞倒了，我知道他是故意的，明天上学的时候我也要撞他一下，把他撞倒。"妈妈听了晨晨的话，哭笑不得，虽然跟他说了好多次，要对小伙伴宽容相待，但效果似乎并不理想，妈妈决定这次好好地跟晨晨谈谈。

妈妈说："宝贝，你说亮亮是故意撞倒你的，那你有什么依据呢？"晨晨听了之后挠了挠头，想了想，却找不出理由，但是他还是肯定地说："亮亮就是故意的，我就是知道，上次他还把墨水泼到我的桌子上呢。"妈妈很有耐心地继续开解道："你为什么不想一想，可能亮亮是不小心才撞倒你的呢？"晨晨低头没有回答，但是妈妈知道，晨晨对宽容的理解还是不够。突然妈妈想起一个小故事，她觉得晨晨听了之后肯定对宽容的理解会加深很多。

妈妈对晨晨说："宝贝，你还记得我前天给你讲的那个故事吗？就是小和尚和老和尚的那个。"晨晨记性很好，听了妈妈提起那个故事，张口就讲了起来："有个老禅师晚上在寺院散步，看到墙根下有一把椅子，他就知道有小和尚不好好念经，爬墙出去玩了。那个老禅师就把椅子挪开，等小和尚翻墙进来的时候用自己的背接住了小和尚的脚，而且还没有责备小和尚，还让他赶紧回屋子里穿衣服。"妈妈笑着夸奖道："晨晨真聪明，故事记得这么好，那你知道这个故事说的是什么道理吗？"晨晨显然之前没有思考过这么深奥的问题，他想了很久，才回答："是不是和亮亮撞我有关系啊？"

见晨晨一点就透，妈妈趁热打铁道："是啊，宝贝真聪明。故事里面的老禅师不责备小和尚，而且还担心他感冒，这就是我之前常跟你说的宽容啊！"晨晨一下子明白了妈妈的意思，说："妈妈，明天我不撞亮亮了，我也要宽容！"妈妈开心地笑起来，因为她觉得说这句话的时候，晨晨特别像一个小男子汉。

如今，很多孩子都是家里的"小皇帝""小公主"，家长爱子心切，总担心孩子在外面被别人欺负。为此一些家长会习惯性地叮嘱自己的孩子："在外面被欺负，一定要告诉爸爸妈妈，我们会出面帮你教训他！""别人打你，你就打他，千万别手软！"这样的教育方式虽然教会孩子不吃亏，但是也让孩子在内心中摒弃了宽容，和别人相处时斤斤计较，易生摩擦。这样的孩子自然不会在别人心中留下好印象，走进社会之后也会处处碰壁。

生活中为孩子树立一个宽容的榜样。

孩子放学回家气呼呼地说："今天大胖打了我，明天我一定会找人打他！"妈妈赶紧引导道："宝贝，你看看你爸爸，多宽容，每次妈妈打他，他从来不记仇，会原谅妈妈。"

妈妈幽默风趣的回答让原本还气呼呼的孩子笑起来，最初的怨恨也变淡了。接着妈妈听孩子详细地讲述了事情的经过，告诉孩子："咱们的心胸要宽容大度，不能什么事情都斤斤计较。人家大胖就是轻轻推了你一下，你却说他打你，这样的心胸可不成呢！"

孩子低下了头，再也不提和大胖打架的事情了。

其实孩子的宽容主要还是来自父母的教导，他们总是习惯性从父母那里学习待人接物的方式。假如父母在日常的生活中彼此对对方的过错不依不饶，那么孩子也必然会变得不依不饶，他们的心胸怎么能开阔起来呢？相反，假如父母待人接物的时候能宽容，遇到什么事情不过于计较，和周围的人能平和相处，那么孩子自然也会受到影响，变得宽容起来。

帮助孩子分析前因后果，让他们学会冷静。孩子和别的小朋友发生争吵或者有某种冲突的时候，他们可能会说这样的话"我一定要打过他……""爸爸妈妈要帮我……"这个时候爸爸妈妈可以对孩子这样说："你觉得这件事怨谁呢？如果是你的错你要承认错误，假如是别的小朋友的错，你为什么不原谅他呢？"这个时候爸爸妈妈一定要冷静思考，把孩子所说事情的前因后果弄清楚，然后再和别的孩子家长协商解决，千万不能因为一时的激动就让自己的孩子"以牙还牙"，甚至自己出手去"教训"别的孩子，否则家长的这种言行会对孩子产生很大的负面影响，让孩子在今后的生活中变得斤斤计较，睚眦必报。

另外，当孩子说"别的同学把我的画册弄坏了，我明天一定要告诉老师，让老师批评他"的时候，妈妈可以这样跟孩子说："如果是你不小心把人家的画册弄坏了，被老师批评，你会不会难过呢？"这样的话其实是教给孩子换位思考，告诉孩子"犯错了，谁都不是故意的，不被原谅会使人更加难受"，如此，孩子就能够切身地体会到宽容的意义。

家 教 心 得

人在社会，就需要和周围的人打交道，在打交道的过程中就免不了磕磕碰碰。心怀宽容的人能够对周围的人和事保持最大限度的耐心，用善意回应对方，原谅别人不经意的伤害。心怀宽容，才能站在别人的立场上看待问题，替别人着想，这样的人同样也会获得别人善意的回应，获得真正的友情，快速地走进别人的内心。

救不救受伤的小鸟由你自己决定

犹太民族做事果敢坚毅，认定的事情就会下定决心，立即行动起来，犹太人认为犹豫不决是人性软弱的表现，是对生命的浪费和亵渎。当断不断，犹豫不决，只会让机会从眼前溜走，虚度了青春，荒废了才华。正因为如此，犹太家长非常注重培养孩子的果敢个性，在日常生活中注意引导孩子树立果敢决定的习惯。

犹太民族的果敢教育对我们的启示无疑是巨大的，只要我们仔细研究一下新闻报道，总是能看到一些类似的话题：有的小伙子上大学了却不能自己照顾自己，做起事情来瞻前顾后；大学毕业后还要爸爸妈妈陪着自己去招聘会找工作；工作了，和同事相处，也不知道谁好谁坏，在选择面前犹豫不决，更不能应对突发性的事件……相信家长都不希望自己的孩子长大后成为这个样子，所以从现在开始，想让孩子具备良好的社会生存能力，就需要从小培养他们敢于做出决定的能力，帮助孩子塑造果断的个性。

茉莉亚和妈妈一起在公园中玩耍，快乐极了，她一会儿跑到大树边伸手摸几下，一会儿又追逐草丛中觅食的小鸟。突然，一阵风刮过，茉莉亚发现不远处的一棵大树上掉下来一团东西，她连忙跑到跟前，发现竟然是一个鸟巢，更让她惊奇的是，里面还滚出来一个嘴角嫩黄的小鸟。

茉莉亚立即喊来妈妈，指着那只瑟瑟发抖的小鸟说："妈妈，你看，那只小鸟被刚才的那阵风从大树上吹下来。它好可怜啊，咱们能把它带回家养起来吗？"妈妈抚摸着茉莉亚的头，温和地说道："这件事情需要你自己做出决定，因为你在妈妈眼中已经是一个小大人了。"茉莉亚看着妈妈，又看了看在一旁挣扎鸣叫的小鸟，有些犹豫。她对妈妈说："我很想把小鸟带回家，但是爸爸之前说过，不许我在家里养小动物，他嫌小动物不洗澡，身上的气味难闻，还嫌小动物们吵闹。"

"嗯，爸爸以前是这么跟你说过，但是你也要坚持自己的想法啊，当你想做什么的时候，就需要自己做出决定，然后把这么做的理由和爸爸讲清楚，我想爸爸一定会理解你的，而且还会夸奖你呢！"听了妈妈的话，先前还犹豫不决的茉莉亚果断地弯下了腰，用手小心翼翼地捧起了那只小鸟，那一刻，妈妈觉得茉莉亚是那么的快乐。

优柔寡断的孩子，长大之后总是习惯反复地思考，结果只会让一个个机会溜走，这样又怎么能够成功呢？一个成功的人，往往都善于抓住有利的时机，果断地做出决定。很多时候，不管面对事情的大小，果断总比犹豫不决更为有益。而那些碌碌无为的人总是习惯性地犹豫。由此可见，培养孩子果断的能力，对孩子将来人生的正面影响是非常巨大的。

比如孩子想买一个文具盒，但是在商店看到了两个喜欢的款式，一时拿不定主意，这个时候他们通常会询问爸爸妈妈的意见。妈妈可以这样对孩子说："宝贝，文具盒是你自己使用的，所以你需要自己做出决定！"这样一来，就避免爸爸妈妈的意见影响孩子自己的判断，使得他产生犹豫感，果断做出购买的决定，选择最喜欢的。爸爸妈妈要记住的是：不要包办孩子所有的事情，因为这样做会使得孩子独立性变差，遇事犹豫不决，长大之后也会很难适应社会。

有时，家长们甚至可以鼓励孩子做一些冒险的事情。

小区里生长着很多柳树，有一天，李泽和爸爸妈妈在树下的小路上散步，调皮的李泽突发奇想，对妈妈说："我想要爬树。"妈妈愣了下，之后断然否决了儿子的提议："爬什么树，很危险的，摔下来怎么办？"

见妈妈不允许，李泽闷闷不乐，一边的爸爸对妈妈说："让他爬吧，男孩子就要果敢坚定，敢于冒险。"妈妈觉得有道理，于是对李泽说："爬树可以，但是一定要小心，不要爬太高。"

不管男孩还是女孩，都喜欢做一些冒险的事情，比如爬树、登高、快速跑等，家长在做好安全防护的前提下，不妨多支持，要知道孩子的冒险精神能够衍生出坚定果敢的精神，让他们在面对选择的时候果断地做出决定。很多家长对孩子所做出的决定会站在自己的角度去否定，当孩子坚持自己的看法时，甚至会采取威胁的手段加以制止。其实这种做法是不科学的，否定孩子的想法，采用吓唬的手段，会使孩子变得犹豫起来，长此以往，遇到事情的时候大都会瞻前顾后，不能果断地做出决定。

当孩子说"我要自己决定"的时候，爸爸妈妈要倾听他的想法，帮助他分析，然后再鼓励他做出自己的决定。妈妈可以这样告诉孩子："宝贝，爸爸妈妈尊重你的观点。"当孩子做出的决定有需要改正的时候，妈妈可以采用建议的形式加以引导，比如可以这样说："宝贝，那么你打算怎么处理……"如此孩子会仔细思考自己做出的决定是否正确，之后再做出相应的调整。当然，这一切都需要孩子自己做出决定，充分尊重他们的意见，如此才能让孩子在做决定的时候变得更加自信。

家 教 心 得

从小孩子成长为一个"小大人"，果断地做出决定的能力是必不可缺的，要知道人生的道路其实就是不断地做出选择的过程，当孩子在选择面前能够果断地做出决定的时候，那么他们就有了成功的基础，未来走进社会之后也能很好地适应环境，成功的概率也就变得更大，实现人生价值的速度也会变得更快。

勇敢地接受一项任务

犹太家长认为，每个孩子心中都存在着一种英雄情结，他们希望自己长大后能够成为一个被人尊敬的"大英雄"，除暴安良，拯救地球。但是大多数孩子的这种英雄情结缺少践行的勇气和方法，假如爸爸妈妈很严肃地问他们："你知道想要成为一个大英雄，需要具备什么样的品质吗？"很多孩子的回答可能会让爸爸妈妈哭笑不得，比如很多男孩子的答案是"战斗"，女孩子的回答则是"魔法"。

在孩子的思想中，对成为英雄所要具备的性格并不了解。这个时候，爸爸妈妈就应该及时引导孩子：真正的英雄首先要具备勇敢坚定的性格，认定目标不放松。但是在现实社会中，比较遗憾的是，很多孩子并不具备这种性格，他们胆小、怕事，虽然有自己的目标，但是却缺乏行动的勇气和迫切性。

有位妈妈很担心地说起自己的儿子："我儿子性格上属于很脆弱的那种，不管生活还是学习上，只要遇到一点的挫折，就想退缩，找借口逃避。比如在学校被老师批评了，或者和别的小朋友闹矛盾了，就不想上学了；篮球打上一段时间就不想继续玩下去了，怎么劝都不听；考试没考好，还没怎么说他呢，人家的眼泪就掉了下来……让人担心死了，不知道他长大之后会成什么样子。"

　　其实对孩子来说，受年龄和社会经验限制，脆弱、胆小是一种比较普遍的现象。比如当着很多同学演讲，很多孩子害怕发抖；被老师批评，孩子会伤心流泪；遇到大狗或者蛇等，害怕得拔腿就跑……爸爸妈妈想要增强孩子的社会能力，首先要帮助孩子克服对未知的恐惧，引导孩子勇敢起来，认定目标不断前进。

　　要知道人人心中都存在着胆怯，即使是成人也不例外。对胆小、脆弱的孩子，爸爸妈妈要学会理解，尝试站在孩子的立场上看待问题，通过不断地引导，让孩子在今后的生活和学习中变得越来越勇敢，越来越坚定。

　　孩子的心灵就如同一张白纸，爸爸妈妈给他灌输什么，这张白纸上就会呈现什么样的景象，长大之后就会形成什么样的个性。假如爸爸妈妈比较胆小，经常被一些事情吓得大声尖叫，那么孩子就会认为这个世界上处处充满让人胆怯的事情；假如爸爸妈妈经常吓唬孩子，那么他们就会想当然地认为这个世界上的事情都像爸爸妈妈说的那么可怕；假如爸爸妈妈习惯将所有的事情包办，为孩子扫清前进道路上的障碍，那么他们在遇到事情时就会习惯性地推给爸爸妈妈，向别人求救，或者逃避……

　　所以爸爸妈妈必须牢记，要想让孩子变得勇敢起来，那么家长首先要让自己勇敢坚定起来，用每一个动作、每一句话语潜移默化地影响孩子。

　　然然长了蛀牙，痛得连饭也吃不下。妈妈带她到医院检查，医生说要将蛀牙拔掉。然然很害怕，于是妈妈便安慰她："宝贝，不用害怕，妈妈就在你身边呢。"但是进了急诊室之后，然然抓住妈妈的手大哭起来，说什么也不撒手，也不配合医生的治疗。

这个时候，一位大夫走了过来，对妈妈说道："请你到外面等候，离开孩子的视线。"妈妈怀着忐忑的心情在门外等待着，不久，然然就安静地走出来。妈妈连忙跑过去，问然然："怎么样，疼不疼？""有点疼，但是我一声也没有哭！"然然很自豪地说道。

妈妈很奇怪，女儿一直胆子比较小的，平时打个针都怕得要命，怎么这次拔牙却没哭呢？随后走出来的大夫解答了妈妈的疑惑，大夫微笑着说："最初的时候，你守在孩子身边，她就觉得你是可以依赖的，就会撒娇，个性自然会变得脆弱起来。我让你去门外面等着，这样孩子就必须独自面对痛苦。没有可以依赖的人，她自然也就不再幻想什么帮助了，在拔牙的过程中，她依靠自己的勇气战胜了疼痛。"

可见孩子并不像爸爸妈妈想象中的那么懦弱，想要让孩子变得更加勇敢，爸爸妈妈首先要做的就是不要"小看"孩子，不要想当然地将孩子划到弱势群体中。在孩子遭遇到挫折和困苦时，爸爸妈妈可以适当放手，让孩子独当一面，直面社会，经受挫折和失败的洗礼。只有经历了这些，孩子才会慢慢坚强起来，变得越来越勇敢，越来越成熟，慢慢塑造出勇敢坚定的个性。

家长要让孩子学会自己照顾自己。

有个记者曾经采访过一个孩子。

记者："平时都是你自己洗衣服吗？"

孩子："我自己不洗。"

记者："那你的衣服都是谁给你洗的呢？"

孩子："我妈妈。"

记者："妈妈不在家的时候呢？"

孩子："让爸爸给洗。"

记者："爸爸也不在家的时候呢？"

孩子："那就放着，等他们回来的时候洗。"

爸爸妈妈要知道的是，将孩子的一切都包办的话，只能让他们变得越来越软弱。试想一下，一个连自己的生活都需要别人照顾的孩子，什么都不需要操心，什么都不需要面对，谈何塑造勇敢坚定的性格呢？所以要想让孩子变得勇敢坚定，首先就必须让他们学会独立，鼓励他们自己做事，引导他们按照自己的想法生活。

家长偶尔可以让孩子吃一些苦。

常常从小由奶奶抚养长大，奶奶什么事情都顺着他，即使他犯了错误，也不会说他什么，更别提惩罚他了。所以，爸爸有时候指出他犯下的错误，还没等到批评他什么，他就会委屈地掉眼泪。

有一天，吃早饭的时候，常常先是挑剔爸爸煮的粥味道不好，然后又埋怨鸡蛋煎煳了。对儿子的挑剔，爸爸并没有发脾气，而是坐下来很正式地说："儿子，从现在开始，咱们家实行轮流做饭制度。周一到周五爸爸和妈妈做饭，周末两天由你负责做饭。"

到了周末，爸爸真的开始教常常做饭了，怎么点煤气，怎么熬粥，如何淘米，如何炒菜。虽然一开始常常手脚不怎么灵活，但是他还是学得很积极、很认真。炒菜的时候，锅里的油星溅到了常常的手上，他眼圈红红的，但是看着锅里的菜就要煳了，只好坚持着翻动锅里的菜，继续忙碌起来。

爸爸装作没看见，等到菜做好后才抓着儿子的手问："痛不痛，这次怎么没见掉眼泪啊？"常常不好意思地低下了头。

没有经历过什么挫折，没吃过什么苦的孩子，遇到困难之后往往很容易被击倒。虽然他们也经常鼓励自己要勇敢，但是却控制不住自己内心的惧怕，时间久了，性格上自然也就变得胆小怕事，甚至自卑起来。

那些吃过苦的孩子则不一样，在困难面前往往会表现得勇敢和坚强，觉得眼前的困难并不算什么，他们对今后的人生道路依旧保持着激情。所以，爸爸妈妈在日常生活中不妨多让孩子吃一些苦，这样他们才会在之后的日子中变得越来越勇敢，才能经得起更大的挑战！

家教心得

对孩子而言，勇敢坚定的个性是宝贵的人生财富，是必备的社会通行证。勇敢的孩子在面对挑战时才会更兴奋，更具有创造性，他们会坚定地按照自己的目标计划一步一个脚印地前行。孩子越勇敢，步入社会时就会掌握越多的主动权，对目标的执行能力就越强。

第三章
犹太父母的心理健康教育

在孩子接触社会时，他们会遇到很多心理上的困惑，这些困惑一旦解决不好，就可能影响到正常的生活和学习，甚至导致他们性格上的扭曲。犹太家长很睿智地意识到了这一点，在日常教育中除了重视孩子的身体健康和学习成绩之外，对他们的心理健康也要特别关注。犹太家长认为，只要拥有了健康的心理，孩子在接触社会时才显得更加从容淡定，才会挖掘出自己更大的潜力，爆发出更丰富的创造能力。

学会欣赏伙伴优美的舞姿

犹太人认为忌妒是一种"人生毒药"，长期"服用"会让人丧失理性，偏离生活的原有轨迹，忽视身边的真善美。忌妒心强烈的孩子总是会和身边的人闹矛盾，脱离集体，甚至故意采取一些方法阻碍别人的行动。所以，犹太家长在家庭教育中很重视培养孩子欣赏别人的心态，引导孩子正确地看待身边的人和事情，取长补短，如此孩子才能快速地融入社会环境中，不断地提升自己。

很多家长有时候会发现孩子的忌妒心很强，不管是在学习还是生活中，都不懂得去欣赏别人的优点，他们对别人身上表现出来的优点往往采取了一种蔑视甚至敌视的心理，也就是人们常说的"见不得别人的好"。很多时候，爸爸妈妈对别的孩子的一句不经意夸奖，就可能导致自家孩子的强烈反应，将对方贬得一文不值。

不懂得欣赏别人，只知道一味地忌妒，这种心态对孩子而言是不健康的。假如孩子事事忌妒别人，不懂得欣赏别人展示出来的优点，不知道学习别人身上的长处，看不到自身的缺点，那么孩子就永远不会进步，不会真正成熟。所以爸爸妈妈在家庭教育中要重视孩子的欣赏教育，引导孩子欣赏周围的人，让他们懂得为别人的精彩而鼓掌，发现自身不足，学习别人身上的优点。如此，孩子才会不断地完善自己，走入社会后才能游刃有余。

有一天，妈妈的同事带着儿子诺亚特来家里玩。雷斯利和诺亚特在一个班里学习，而且从小一起长大，是一对很要好的朋友。妈妈和同事聊天的时候谈起诺亚特学习舞蹈的事情，诺亚特还在客厅中即兴表演起来，一边跳舞一边唱歌，一下子将气氛带动了起来。

妈妈夸奖诺亚特道："你舞跳得这么好，长大了当个舞蹈家，歌也唱得很棒，长大后说不定也能成为一个歌唱家，那就厉害了！"诺亚特妈妈也喜滋滋地说道："老师也说他跳得好，推荐他参加舞蹈比赛呢。"大家都笑了起来，但是妈妈却注意到雷斯利的脸上有些不愉快的表情，而且他也没为诺亚特鼓掌。

雷斯利从小就很要强，很有竞争意识，但是也因为这种心理，让他的忌妒心比较强，总是看不得别人表现出来的优点。这次肯定是雷斯利见诺亚特舞跳得好，大家都夸奖诺亚特，雷斯利心中忌妒心作祟，他的内心不平衡了。果然在诺亚特母子告别后，雷斯利对妈妈说道："诺亚特就爱出风头，上周还主动跟体育老师要求跳舞呢。刚才你们给他鼓掌，看他那得意的样子！"

见雷斯利内心不平衡，妈妈便开解他道："宝贝，诺亚特舞跳得好，但是你琴弹得好啊，我记得上次音乐老师还因为这个表扬你呢，对不对？"听妈妈这么说，雷斯利的内心平衡了不少，先前表现出来的忌妒心也平淡了。妈妈趁热打铁："宝贝，你觉得诺亚特舞跳得怎么样？""还不错吧，反正他很爱表现。"妈妈说："你刚才没听阿姨说吗，诺亚特跳舞可勤奋了，为了练习好舞蹈，每次练习的时候都会出很多汗，将衣服都浸湿了。"听妈妈这么说，雷斯利点了点头说："我知道诺亚特很努力，我也很佩服他这一点。"

妈妈见雷斯利对诺亚特的态度由先前的忌妒慢慢变成了欣赏，

便继续说道："诺亚特喜欢跳舞，爱表现，这些都是他个性和才华的具体表现。每个人都有自己的优点，假如我们能够发现别人身上的闪光点并且向他们学习，那么我们也会变得越来越强大。另外发现别人的优点需要一双懂得欣赏的眼睛，学会欣赏而不是忌妒，才能和别人和谐互动，不断地提升自我。"妈妈停了停，见雷斯利点头，便引导道："一个会欣赏别人的人，一定是个胸怀宽广的人。别人出色的表现都是经过不懈地努力取得的，都值得我们为之鼓掌，为之喝彩。交朋友，就要学会欣赏对方，为他们出色的地方喝彩，这样你和朋友之间的关系才会越来越好。当你懂得这一点的时候，你不仅获得了友谊，得到别人真心的帮助，而且还能不断地从别人身上学到优秀的品质和才能，让自己不断地强大起来。"

听了妈妈的话，雷斯利点点头，对诺亚特的忌妒心理已经完全消失了。妈妈的话在他心中留下了深刻的印象，在之后的学习和生活中，雷斯利开始学会为别人的成功鼓掌。

正因为懂得如何欣赏别人的优秀，知道在别人成功的时候鼓掌，孩子才会看清自己，不断地学习别人身上的优点。怀有这种心态的孩子无疑是智慧的，不会因为自己暂时的落后而心生怨恨，去忌妒别人，甚至去打击、破坏别人的幸福；也不会因为暂时的落后而心生自卑，让自己陷入泥沼之中，不能自拔。

那么在日常生活中，爸爸妈妈怎么让孩子学会欣赏别人的优秀呢？

引导孩子摆正心态，学会祝福别人。

同桌这次考试得了班级第一名，而华华却只得了第 12 名，心理上有些不平衡。回家之后，他对妈妈说起这件事情，言道："考第一名有什么了不起的，我也能。以后我要好好学习，再也不跟同桌一起玩了！"

妈妈微笑着摇了摇头，觉得儿子心中有些忌妒人家。于是妈妈开导华华道："那可不行，怎么能因为同桌考了第一名就不跟人家玩呢？你同桌成绩好，你应该为他感到高兴啊，要祝福人家啊，有一个这样的同桌，难道你自己不觉得很自豪吗？"

"嗯，是很自豪。"华华想了想，对妈妈的话表示赞同。

"对啊，而且以后你有什么问题可以多向同桌请教，这多好！"妈妈继续引导。华华暗暗决定，下午上学的时候就祝贺同桌，为他考了第一名表达自己真诚的祝愿。

竞争是孩子的天性，看到比自己强的人难免会感觉不舒服，甚至会产生敌对情绪。这个时候就需要爸爸妈妈及时地引导孩子的忌妒情绪，将之转化为由衷的欣赏，让孩子知道，别人的优秀是努力的结果，值得自己尊敬，更值得自己学习。

以别人的优秀为镜子，找到自己的不足。

乐乐喜欢踢足球，有一次放学回家后，很生气地跟爸爸抱怨道："爸爸，我们班有个同学踢足球的时候总是抢我的威风，气死我了。"

爸爸反问道："那个同学为什么能够抢你的威风呢？""他射门射得准，几乎每次都能将球踢进去，而我却做不到，所以别人都给他鼓掌，却不给我鼓掌。"乐乐很郁闷地说道。

"所以啊，那个同学射门技术很高，而你的射门技术则需要更加努力地练习。爸爸看过你的比赛，你带球过人的速度很快，假如再将射门技术练好的话，那么你踢足球一定很棒了！"

"对啊，我怎么没想到呢！"听了爸爸的话，乐乐兴奋地说道。

欣赏别人，最终的目的其实还是要在别人身上发现优点，取长补短，不断地完善自己，壮大自己。很多孩子总是习惯性地忌妒别人，却没有意识到其实自己也有着出众的能力。所以在欣赏别人的基础上，也要不断审视自己，这样才能让未来的人生变得更加精彩。

家教心得

当孩子学会欣赏别人的时候，在心态上也就变得更加成熟起来，拥有相应的社会生存能力。要知道社会是由人组成的大家庭，当孩子懂得欣赏别人的优点表达自己的祝福时，他们也就能够快速地获得别人的好感，获得别人的帮助，真正融入社会团队中去。更为重要的是，在欣赏他人的同时，孩子还能取长补短，不断地丰富自身知识，提升自身能力。

傲慢无礼的孩子交不到朋友

犹太家长注重培养孩子低调谦逊的品德，他们认为孩子内心傲慢，对人无礼，将来走入社会后就会变得讨人厌、惹人烦，会让周围的人不自觉地生出一种抵触态度，不仅不愿意和其交往，甚至还会从内心深处生出厌恶情绪。试想这样的孩子进入社会之后又如何同别人相处呢？

其实很多爸爸妈妈都存在着类似的苦恼：家里的孩子有时候会很自大，不管面对谁，都觉得自己很"厉害"，学了一点的知识就会四处去卖弄，表现得非常傲慢，就好像这个世界上只有他知道那些似的。很多时候，这样的孩子虽然优秀，但是却让人觉得不舒服，甚至想要远离他们。

傲慢无礼的心态对人和人的和谐相处有着很大的危害，特别是对还处于成长期的孩子而言，造成的危害会更大。所以爸爸妈妈在生活中要教育孩子谦虚低调，不可过于傲慢，恃才傲物。如此，孩子才会具备更高的社会生存能力。

做人德行礼貌是根本，傲慢的人通常给人一种失德失行的印象，让人敬而远之。所以在孩子成长的过程中，爸爸妈妈要帮助孩子戒除傲慢的坏习惯，把谦虚谨慎的生活和学习态度植入孩子的内心深处，如此孩子在成长的过程中才会受益。

另外，傲慢也是人际交往的毒素，爸爸妈妈需要引导孩子在人际交往中摒弃这种不健康的心态。比如，别人主动交朋友而孩子却不积极回应对方的时候，爸爸妈妈可以这样告诉他们："宝贝，人家主动和你打招呼，交朋友，你这么傲慢地拒绝人家，一句话也不说，是非常没礼貌的。你想一想，要是你想和别人交朋友而被人傲慢地拒绝的时候，你是不是会很难受呢？"用这样的话，让孩子学会站在别人的角度上看问题，就能让孩子对自己傲慢态度所产生的"伤害性"有一个"感同身受"的体验，如此，就能让孩子摒弃傲慢，慢慢学会积极主动待人。

哲学家周国平曾说："我相信，骄傲是和才能成正比的。但是，正如大才朴实无华，小才华而不实一样，大骄傲往往谦逊平和，只有小骄傲才露出一副不可一世的傲慢脸相。有巨大优越感的人，必定也有包容万物、宽待众生的胸怀。"爸爸妈妈一定让孩子明白这样的道理，让他们放下傲慢，学会谦虚，才能掌握更多的知识。

很多孩子内心深处都存在着傲慢的情绪，不喜欢别人批评自己，一旦人家批评几句，他们就会变脸色，甚至反唇相讥，其实这就是一种变相的傲慢态度在作怪。爸爸妈妈这个时候应该做的是，让孩子明白，别人的批评对他们自身的发展是有好处的，批评对的地方要虚心接受，改进不足，这样才能不断地完善自我。假如一味傲慢地认为自己什么都好，排斥别人善意的批评，是非常愚蠢的行为。

新新回家之后很气愤地向爸爸控诉老师道："爸爸，今天老师无缘无故地批评我，说我非常傲慢无礼。"听儿子这么说，爸爸说："儿子，你要想一想，为什么老师会批评你呢？你身上一定有做得不好的地方。"

见爸爸这样说，新新想了想，便找到问题所在。原来数学老师让他在黑板上做题，但是他却觉得那道题很简单而不愿意做，于是老师便批评了他。爸爸趁热打铁道："听到别人的批评，首先要反思自己的言语和行为，找到自己的不足之处，如此才能反省自己，在以后越做越好。老师让你做题是欣赏你，而你却拒绝做题，让老师很难堪，这种傲慢的态度是很错误的，你下午上学的时候必须向老师道歉！"

新新听了爸爸的话，羞愧地低下了头。

夸奖是必需的，但是要适度。很多时候，爸爸妈妈总是觉得好孩子是夸奖出来的，比如孩子考试成绩不错，就夸个没完没了，这样一来，孩子听多了，内心就会觉得自己真的很了不起，傲慢的倾向也就变大了。也就是说，夸奖是可以的，但是切莫总是夸个不停，爸爸妈妈在夸奖孩子的时候要注意分寸。

男孩数学考试满分，回家之后向爸爸妈妈"邀功"，并自我陶醉道："在班里，只有我一个人数学是满分，其他人都笨得很，比不上我！"

见儿子如此傲慢，妈妈觉得夸奖一下是必要的，但是还需要让他清醒一下，便说："儿子，你这次成绩很好，爸爸妈妈都为你高兴。但是妈妈要提醒你的是，不管成绩多好，也不能轻视别人，要知道比你强的人很多，虚心学习，力争更好才是健康的学习心态。"

傲慢是一剂慢性毒药，长久地服用，会让思维慢慢地脱离生活，让行为变得不可理喻。爸爸妈妈要引导孩子和傲慢保持足够的距离，拥抱谦虚，这样的孩子才能在成长的过程中不断地壮大自己，让自己变得更加完善，更具吸引力。

爸爸妈妈要知道的是，夸奖是一门学问，不合时宜的夸奖或者过度的表扬只会让孩子变得越来越傲慢，而适度的表扬则既能增强孩子的自信心，又能让他们脚踏实地，继续向前。所以爸爸妈妈在日常教育中要注意自己表扬的"度"，掌握好语言的"火候"。

帮助孩子正确认识自己。孩子傲慢心理的产生，往往源于自己具有的某一方面的特长或者优势。想要改变傲慢的心理，爸爸妈妈必须首先帮助孩子分析一下傲慢产生的根源：是因为学校成绩很棒，还是体育上有优势？是歌唱得好，还是画画得好？之后爸爸妈妈要让孩子明白，他们身上的这些优势并不是那个领域内的最高成就，假如放在一个更大的环境中，比如全市、全省、全国，他们的优势就会消失。现在的优势只是一种能够在将来更好发展的潜质，需要虚心发展，不断开拓。

当然，孩子取得了一定的成绩，爸爸妈妈可以对他说："这是你努力的结果，但是千万不要忘了，其中还有老师和爸爸妈妈的功劳，同学们的帮助。"

另外，有很多孩子会将自己的傲慢当成所谓的"自信"。这个时候，爸爸妈妈需要及时地帮助他们弄清楚自信和傲慢的区别，要让他们明白自信是一种谦虚积极的生活和学习的精神面貌，它令人精神愉悦，更加向上；而傲慢则是一种负面的心理，是一种盲目的乐观，会让人眼高手低，继而不思进取。

家 教 心 得

傲慢是精神上的鸦片，会让人沉浸在自我陶醉的泥沼中不能自拔，让人看不到自身的缺陷，盲目地抬高自己。假如孩子内心充满傲慢，那么对他们的学习和人际交往都会产生不利的影响。所以爸爸妈妈要引导孩子摒弃傲慢，帮助孩子学会谦虚、低调，这样孩子在走入社会时才更具亲和力和竞争力。

正确处理和异性的交往

犹太家长很关注孩子在和异性交往时的心理健康问题，他们认为孩子心思单纯，对异性生出好感是很正常的，但是也正是因为这种单纯性，使得孩子对异性的好感带有某种盲目性和偏执性，严重的话会对孩子的生活和学习带来不利影响。

生活中，一些爸爸妈妈经常会发出这样的抱怨——"我儿子也太早熟了，才上小学四年级，就知道谈恋爱了，开始给喜欢的女孩子写情书了，真让我头疼啊！""我女儿何尝不是呢，我只是想提前给她打个'预防针'，让她不要早恋。谁知道人家竟然对我说，她已经长大，有自由恋爱的权利。哎呀，这可怎么管？""我儿子更让我头疼，刚刚上小学六年级，竟然跟人家女孩子互换照片，将人家的照片夹在日记本中，让我都不知道说什么好了！"……

其实，人对异性天生就有好感，不管男孩还是女孩都是如此，这是很正常的。受现代社会信息扩散的影响，孩子往往能够从一些电视、电影以及广告中了解到性别知识，继而更早地对异性产生好感，也就是我们经常说的"早恋"。其实在小学阶段，孩子对异性的情感大多是纯真的友谊，只要家长引导及时，方法适当，就不会影响到孩子的学习和今后人生的发展。

早恋的危害性是很多家长所担心的，一旦孩子深深地陷入其中，就很难理性地看待问题，不能自拔，不仅会疏于学习，而且还会和身边的朋友疏远，和父母间出现矛盾。这个时候，爸爸妈妈千万不要激起孩子的逆反心理，不然只能适得其反，不仅伤害彼此，而且还会让孩子更加渴望拥有自己的感情，以温暖在爸爸妈妈那儿受伤的心灵。

那么聪明的爸爸妈妈会怎么引导孩子正确处理情感问题呢？

及时发现孩子的早恋倾向。对孩子的情感问题，爸爸妈妈最好做到早发现、早提醒、早介入，这样才能更好地理顺他们的心理。也许有的家长会问，怎么才能做到早发现呢，总不能一天到晚都盯着他们吧？其实孩子有了早恋倾向，在他们身上会有明显的表现，以下几点，只要爸爸妈妈发现孩子具备了其中的三点，就需要对他特别关注。

孩子在谈话的时候突然有意无意地说到了公园、滑冰场等地方；

孩子对某个异性的名字表现得比较敏感，不敢说或者一说就脸红；

放学回家之后喜欢一个人躲在屋子中，不爱和爸爸妈妈交谈；

原本比较活泼淘气的孩子变得越来越安静了；

学习成绩不稳定，优势学科成绩下降；

爱打扮，总是对着镜子看来看去；

频繁要求爸爸妈妈给他买好看的衣服，手中的零花钱也经常不够花了。

要懂得尊重孩子的情感。孩子对异性产生好感的同时，也会出现很多的困惑。这个时候他们所需要的并不是爸爸妈妈严厉的斥责和粗暴的打骂，而是情感上的尊重和引导。所以，爸爸妈妈在发现孩子存在早恋问题时，首先要理解，帮助他们解决内心的困惑。

读小学六年级的儿子对妈妈说："妈妈，我发现我很喜欢一个女孩子，我该怎么办呢？"妈妈听了之后只是暂时地惊讶了一下，就微笑着拉住了儿子的手，说："我要祝贺你啊，你喜欢女孩子，证明你已经长大了，能够发现一个人的美好了，懂得用爱的方式去承担自己的责任了。你现在要做的就是将这份感情藏在心中，等你长大了，有能力承担这份感情了，妈妈会支持你的。"

听妈妈这么说，儿子惊讶地张大了嘴。他觉得妈妈说的话很"奇怪"，从中体会到了妈妈的信任和尊重，原来在妈妈的眼中，自己已经长大了。所以他心里面对妈妈充满浓厚的爱，对妈妈说的话也点头应允下来，并没有将对那个女孩子的感情表现出来，而是将全部精力投入学习中去。

家 教 心 得

进入小学之后，孩子对异性的好感会越来越强烈。这个时候爸爸妈妈要及时加以引导，帮助孩子正确地区分友谊和爱情，让孩子树立起正确的异性交往观。这样一来，孩子在生活和学习中面对异性的时候就能以平常心相待，将来走入社会时也能正确恰当地看待异性，更好地和异性打交道。

和狂热的偶像崇拜说"拜拜"

犹太人崇尚偶像，但是却从来不盲从偶像。他们引导孩子正确对待偶像，给孩子狂热的追星情绪降温。时下，很多孩子对明星的崇拜已经成了一种时尚，很多孩子甚至已经到了疯狂追星的地步，为偶像欢喜为偶像痴迷，甚至有些极端的孩子为了所谓的偶像而离家出走、自杀……很多爸爸妈妈为此伤透了脑筋，不知道孩子追星到底是对还是错，更不知道怎么去引导那些疯狂追星的孩子。

李成今年上小学六年级，虽然很调皮，但是成绩一直很好，为此爸爸妈妈一直很欣慰。但是最近爸爸发现李成的学习成绩直线下滑，和老师沟通之后发现儿子最近上课不注意听讲，而且写作业也很潦草，不认真。

爸爸仔细观察后发现，李成之所以表现这么糟糕，是因为迷恋上了一位香港明星，而且像着了魔一样。那位明星较内向不善于说笑，导致原本很淘气的李成也变得不爱说话，不管是爸爸妈妈还是别人和他说话，能不回答的都会给简单省略掉，不得不说的时候也惜字如金，用"嗯"或者"啊"之类的话语应付。

爸爸将李成叫到身边，问他道："宝贝，为什么最近不爱说话了？"李成说出来的理由让爸爸哭笑不得："这是偶像的力量，不说

话那叫‘酷’，你不懂！"

最让爸爸担心的是，自从李成迷恋上那个明星之后，整个人的心态也有了大变样。因为那个明星人长得比较消瘦，所以李成觉得自己脸大，身体也壮，不管走到哪儿都疑心自己长得难看会让别人耻笑，惹人讨厌，整个人变得越来越自卑。

心理学家研究发现，成长中的孩子最大的特点就是缺乏足够的自控力，看待事物没有自己的是非观念，做事莽撞，容易感情用事。所以这些孩子看不到疯狂崇拜明星的负面影响，不知道明星也是人，身上也有很多缺点。

孩子崇尚明星，渴望变成那般存在，被万人瞩目，是他们的天性使然。作为孩子的爸爸妈妈，首先要理解他们的这种心态，其实通过巧妙引导，只要方法得当，孩子一定会从疯狂追星的迷茫中走出来，成为一个脚踏实地的好孩子。

爸爸妈妈要懂得，现在所处的这个社会已经同自己小时候的社会完全不同了。进入信息时代的今天，不管是成人还是孩子，面对的选择和机会多了，各种各样的诱惑自然也就多起来，文化生活也丰富起来。身处这样一个多姿多彩的环境中，孩子"接触"到明星是很自然的事情。

所以智慧的爸爸妈妈很少强制孩子放弃心中的偶像，他们会理智引导，巧妙应对。

理解孩子的心理，不"攻击"孩子的偶像。时代不同，年龄不同，导致孩子对明星的看法和我们有很大不同。假如爸爸妈妈总是习惯性地站在自己的角度去看待孩子的追星行为，或禁止，或在孩子面前贬低他们的偶像，只能引发相反的效果，造成彼此间更深的隔阂。有一个孩子这样表达了对爸爸的不满：我很喜欢一位明星，她不仅电影演得好，而且歌也唱得很好听，听她的歌时，让我忘记了很多现实生活中的烦恼。但是爸爸却不理解我，很反对我听歌，甚至时不时地嘲笑我，说我喜欢一个演戏和唱歌的，很没出息，很丢脸！爸爸的话让我伤心极了，我只不过是很喜欢那个明星的歌，喜欢看她的电影，怎么在爸爸眼中就是没出息？爸爸为什么这么侮辱我，还看不起我的偶像？我觉得爸爸坏极了，不可理喻，我恨他……

很多孩子都有英雄情结，有榜样倾向，追逐偶像其实也是孩子的一种正常的精神需要。孩子喜欢自己的偶像，觉得他们清纯、阳光、帅气，能做很多他们做不到的事情，能说很多让他们动心的话……这些偶像说的做的恰恰是孩子渴望的，所以面对疯狂追星的孩子，爸爸妈妈首先要做到的是要理解孩子，尊重他们的选择，尊重他们心中的偶像。

和孩子一起"追星"。让孩子一下子从疯狂的迷恋中解脱出来是不可能的，也是不合理的。所以爸爸妈妈在发现孩子追星的时候，不妨和他们做个"伙伴"，也关注一下他们的偶像。要知道爸爸妈妈只有先了解了孩子的偶像，才可以在生活中多和孩子谈一下"明星"，说一下自己的客观认知，这样能够对孩子人生观和价值观的形成起到一个很好的影响作用。

周五晚上，童童在看《警察故事》，电影中的成龙正在展示自己的各种"功夫"，惹得童童一阵阵大笑。爸爸悄悄地坐在他身边，说："爸爸也一起看看，你这么喜欢的明星演的电影，一定很好看。"

童童马上兴奋地说道："成龙演技一流，功夫超级棒……"

从那之后，童童每次看成龙的电影，爸爸都会和他一起看。爸爸还带着童童收集了很多成龙的电影海报，还特意给他买了一本成龙的传记。童童很高兴，有一次无意间听到他和同学打电话时说："我爸爸可棒了，和我一样喜欢成龙，很支持我……"

有了这个"共同点"，爸爸和童童成了无话不说的朋友，从最初的偶像成龙开始慢慢延伸到童童成长中的很多问题，谈理想和未来，这种亲密无间的沟通在以前是很难想象的。由此爸爸对童童的内心了解了很多，童童对爸爸也充满了信任。

爸爸的方法很巧妙，他尊重孩子，理解孩子的行为，在和孩子一起追星的过程中引导儿子的选择，挖掘偶像的榜样作用，让偶像变成激励孩子不断前进的力量。而且通过共同的追星，爸爸悄悄地拉近了和孩子之间的心灵距离。

家教心得

追星是孩子某个年龄段所特有的心理，爸爸妈妈要学会站在孩子的立场上去理解，要疏导而不是一味地堵塞。智慧的家长会在和孩子一起追星的过程中分享自己的经历和感受，引导孩子树立正确的人生观和价值观。

制止自己说谎的冲动

犹太人将诚信看得比生命都宝贵，在他们眼中，一个人假如失去了诚信，那么这个人就丢掉了自己的灵魂，和魔鬼为伍，最终会被社会所抛弃。所以犹太家长非常注重对孩子的诚信教育，认为只有诚信的人才能快速地融入社会，实现自身价值，说谎的人虽然能够暂时获得蝇头小利，但是当谎言被揭穿时，就会身败名裂，坠入深渊。

诚实的品德是人一生中最宝贵的财富，特别是对孩子的身心发展而言，起着非常重要的作用，所以家长在日常教育中要特别重视对孩子的诚信教育。现阶段，一些家长觉得社会越来越复杂，从小培养孩子的诚实品质，担心孩子将来会吃亏。有鉴于此，很多家长纠结于该不该培养孩子诚实品质的问题。其实答案是肯定的，培养孩子诚实的品德，也许将来会吃点小亏，但终将会助力孩子的一生，因为无论外界环境再怎么改变，诚实也是最基本的为人处世原则。

聪明的家长都明白诚实品德对孩子今后成长的重要意义，能够帮助孩子抵御不良品质的侵袭。当孩子心中时刻装着诚信的时候，他们就不会向父母撒谎，不会欺瞒老师和同学，如此才能在人际交往中备受别人的欢迎、尊重和信任，从而结识更多的朋友，得到更大的帮助，受到更多的关怀，这对孩子的身心健康无疑是非常重要的。

　　嘉嘉看到邻居家的小朋友过生日时，他妈妈给他买了一身新衣服，心里很羡慕，也希望自己的妈妈能给自己买一件。所以嘉嘉对妈妈说："妈妈，明天是我的生日，你给我买一件新衣服吧。"妈妈听了很奇怪，嘉嘉的生日明明是在年底的，怎么这个时候突然说自己要过生日了呢？

　　妈妈想了一下，立刻明白了问题的所在，一定是嘉嘉看到邻居家的小孩子过生日穿新衣服也想要，但很明显，嘉嘉撒谎了，采取了一种错误的方式来表达。假如这个时候顺着他，说："哎呀，你也要过生日了，我们也去买一件新衣服去。"嘉嘉一定会对讲话是否符合实际毫不介意，甚至从中受到某种错误鼓励，继而慢慢养成说谎的习惯。想到这里，妈妈微笑着说："嘉嘉，你的生日还有很长时间才到呢，为什么说明天呢？"嘉嘉沉默不语，只是低头一个劲儿地玩弄着自己的衣角。

　　妈妈把嘉嘉拉入怀中，抚摸着他的头说："宝贝儿，做人最重要的是诚实，你想要穿新衣服，可以跟妈妈直说，妈妈会给你买的，但是不能说谎，说谎的孩子妈妈是不喜欢的。"听了妈妈的话，嘉嘉抬起头，很坚定地说："妈妈，我记住了，以后我不会再说谎了。"妈妈听了很欣慰，亲了嘉嘉的额头一下，说："乖孩子，走，妈妈给你买新衣服去，当作诚实的奖励，记得以后要讲真话啊！"嘉嘉欢呼一声，拉起妈妈的手摇啊摇，心里面高兴极了。他想以后一定要跟妈妈说实话，再也不会和妈妈撒谎，因为说实话妈妈更喜欢。

想要孩子拥有诚实的品格，家长在日常生活中就要细心地留意孩子的言行。须知，孩子之所以养成撒谎的习惯，是在日常生活中慢慢积累起来的，一旦他因为撒谎而达到了自己预期的效果，那么就有可能受到鼓励，促使他日后更多地撒谎。所以，在察觉到孩子有说谎的苗头之后，一定要及时地教育纠正，不要认为是小事情而不在意，放任孩子。

当发现孩子说谎的时候，家长要加以重视，宽严相济，给孩子分析说谎的危害以及诚实品德的重要性，帮助孩子纠正说谎的习惯，树立诚实的品德。教育孩子诚实的最好方法还是让孩子自己在生活中感知。妈妈可以抓住生活中的一些小事情进行教育，比如孩子因为捡到钱上交给老师而受到表扬，回家说起这件事情，妈妈就可以立即夸奖他，说："这样做很对，做一个诚实的孩子，不仅老师喜欢你，爸爸妈妈也喜欢你，周围的叔叔阿姨和小朋友也会喜欢你的。"

发现孩子说谎的时候要"温柔"纠正。当孩子因为犯了错误害怕惩罚而故意说谎的时候，家长千万不能严厉地批评，甚至采取暴力的方法教育，不然很可能鼓励了孩子再说谎的倾向，因为他们知道说实话会被训斥甚至挨打。

炎炎因为考试考得不好，害怕爸爸妈妈知道后会训斥他，但是老师又要求必须将成绩真实地告诉爸爸妈妈，而且以后会打电话给家长抽查。没有办法，炎炎怀着惴惴不安的心情回家之后撒谎说自己考了 90 分，进了班级前十名。

妈妈一开始听了非常高兴，但是当妈妈要看他的考试试卷时，炎炎却很心虚地说："我没放好，回家的时候把试卷弄丢了。"这个时候妈妈才发现炎炎语言和行动上存在着很多可疑之处，于是反问炎炎说："真的吗？"

炎炎心虚，低头不语。妈妈接着说："考不好没关系，说假话问题就大了，男子汉需要诚实，这样别人才愿意和他交往，信任他。"见妈妈表情很温和，并没有发怒，说得也很有道理，炎炎就承认了自己的说谎行为，并表示以后再也不说谎了。

虽然严厉的批评可以震慑住孩子的说谎冲动，但是一味地批评有时候可能并不怎么有效，甚至会引发孩子"破罐子破摔"的逆反心理。这个时候不妨"温柔"地对待孩子的说谎行为，让他们体味到家长的理解和宽容，受到自己良心的"谴责"，继而悔改。

孩子渴望被爸爸妈妈信任，渴望被理解。一旦得知爸爸妈妈并不信任自己，那么他们就可能心生叛逆情绪，破罐子破摔。也就是说，爸爸妈妈的不信任会引发孩子的不信任，这种双向的失信，很容易让孩子心中滋生出欺骗的冲动。其实只要爸爸妈妈信任孩子，那么他们就能感受到这份情感，愿意将心中的感受真实地描述出来，为爸爸妈妈做很多事情。

有一次，果果在偷拿爸爸衣兜里的钱时被爸爸看到了，虽然爸爸没说什么，但是果果却一直很郁闷，觉得自己很有必要再找些其他的"理由"跟爸爸解释一下。

周末，爸爸将果果叫到身边，让他给奶奶送500元钱。爸爸给他钱的时候只说了一句话："儿子，坐公交的时候小心点。"衣兜里揣着钱，果果感受到爸爸的信任，感动得流下眼泪。

爸爸妈妈对孩子要充满信任，这样才能以真心换真情，才会让孩子敢于说真话，乐于说真话。

当孩子实事求是说真话的时候，家长要鼓励表扬，甚至用物质奖励来强化。让孩子意识到，面对爸爸妈妈，根本没有什么说谎的必要，和说谎付出的成本相比，实话实说所获得的奖励会更好。

比如孩子一个人在家的时候，把家里的花瓶打碎了，当家长问起来，他们直接承认是自己不小心打碎的。这个时候爸爸妈妈可以说："没事，花瓶打碎了咱们再买一个。""宝贝敢于承认自己的错误，敢作敢当，妈妈很为你骄傲"等鼓励的话。切忌严厉训斥，比如说"你这孩子真不懂事，好好的花瓶给打碎了，以后再调皮，看我不打你！""小坏蛋，整天就知道给我找事！"因为这样的话是在变相鼓励孩子为了逃避责任放弃诚实的品质，转而说谎。

另外，当孩子看书看到诚实人物故事时，妈妈可以说："他们品德真高尚啊，你将来长大了也要像他们一样诚实做人，这样大家才会喜欢你。"假如孩子这个时候提出异议，爸爸妈妈可以再举一些生活中的实例，最好是爸爸妈妈亲身经历的事情来论证，比如妈妈可以说："你看看爸爸就非常诚实，每次发了工资都交给妈妈，绝对不会自己藏着。"这样的话既幽默亲切又很有说服力，对孩子有很大的说服力度。

家 教 心 得

诚实的孩子才最受欢迎和喜爱，诚实的品行对孩子今后的人生也是莫大的一笔财富。要知道这个社会不管如何变化，诚实都是为人处世的基础，更是生存发展的最基本保证。很难想象一个不诚实的孩子会交到好朋友，会顺利地融入一个团队。

被欺负了也不能迷信暴力

孩子解决问题的时候总是习惯性地倾向暴力，话不投机就要"决斗"。针对孩子的这种心理，犹太家长在家庭教育中特别重视引导孩子和平解决问题的能力，力求帮助孩子养成心平气和解决问题的心理。犹太家长的教育原则是：暴力让人失去理智，甚至让人陷入疯狂，必须让孩子摒弃暴力解决问题的心。

在家庭教育中，爸爸妈妈要特别注意孩子内心中潜伏的暴力倾向，要让他们明白，遇到事情采用暴力手段是解决不了问题的，而且还会让问题失控，越变越糟。

亮亮是个非常淘气的小男孩，用妈妈的话说，就是还穿着开裆裤的时候，就开始拿着玩具刀枪对着妈妈乱砍，拿着手枪对着爷爷奶奶胡乱"扫射"。最初，妈妈觉得这是男孩子特有的天性，有哪个小男孩不喜欢舞刀弄枪呢？但是随着亮亮渐渐长大，妈妈发现他的行为已经超过了淘气的范畴，已经有暴力倾向的意思了。这样的发现让妈妈心里很不安，她觉得必须找个机会跟亮亮好好谈一下。

有一天，亮亮放学之后就把自己关在屋子里一直没出来。妈妈觉得很奇怪，先前放学回家都跟疯了似的，满屋子乱跑，怎么今天这么反常呢？这么想着，妈妈从亮亮房间虚掩的门缝往里看，发现他正学李小龙的样子，一边咬着牙，一边抬腿踢，右腿踢得还行，有点李小龙的样子，可是左腿却踢不高，那样子很可笑。

妈妈见状轻轻地敲了下门，得到允许后走了进去。妈妈问亮亮："刚才妈妈看你学李小龙踢腿，怎么突然想起来练腿脚了？"见妈妈询问，亮亮很生气地说："明天上学的时候我要报仇，和同桌决斗！"听了这样的话，妈妈的心一下子紧张起来，儿子现在说的话明显就是想第二天和同桌打上一架，这还了得。

妈妈赶紧把亮亮拉到身边，问他道："儿子，为什么要明天和同桌决斗呢？"亮亮愤愤不平地说："今天他在操场上和我抢球，推了我一下，把我推倒，胳膊摔破了，我明天一定要找他报仇，你看！"说着亮亮就把袖子挽起来，露出一道伤口让妈妈看。妈妈看了非常心疼，赶紧拿来创可贴给亮亮处理伤口。妈妈对亮亮说："儿子，虽然你同桌把你推倒是不对的，但是你想明天和他打架报仇同样也不对。你要明白，在这个世界上，暴力解决不了任何的问题。"亮亮半信半疑，问妈妈道："为什么我看的电视里面，有仇的话都要打架呢？"妈妈跟他解释道："电视里面演的有些是虚构的，和现实不同，假如按照电视里面的情节生活，那会很糟糕的。""那我该怎么办呢？"亮亮疑惑地问。

妈妈并没有回答，而是告诉亮亮："除了使用暴力，其他的办法你自己想。"最终亮亮告诉了老师，老师批评了他的同桌，并让他们两个握手言和了。妈妈很庆幸自己的劝说有了效果，消除了亮亮心中的暴力倾向，教给他正确解决问题的方法。

很多时候，孩子的暴力倾向是可以加以引导消除的，所以爸爸妈妈在日常的生活中需要多加留意孩子的语言行为，发现孩子有暴力倾向的时候，要及时地加以抑制和疏导。最重要的是要让孩子意识到除了动用暴力手段外，还有很多其他方法可以解决问题。

每个孩子都不是天生的暴力者，往往都是在很多因素的干扰下，慢慢地变得易怒、暴躁从而变得暴力，所以当家中的孩子身上出现暴力行为的时候，爸爸妈妈要先找到原因，并找到最好的方式来和孩子进行沟通，从而替换掉孩子的暴力阴影。就像很多孩子喜欢摔东西打人一样，据一位犹太育儿专家说，这并不是一种暴力行为，仅仅能说明孩子对事物有了好奇心。摔东西产生的声音，包括被孩子打中的大人的喊叫声，让孩子变得兴奋起来，让他们觉得是一个有趣的游戏，所以爸爸妈妈可以选择如篮球一类的运动来让孩子达到这样的好奇心宣泄，满足他们的好动行为。所以孩子表现出暴力倾向时，父母要学会用适合自己孩子的方式来教育引导。

家长要有选择地让孩子观看影视节目。

上小学三年级的蒙蒙总是喜欢玩打打杀杀的游戏，而且还经常在和别的小朋友吵架的时候威胁说："我要将你打趴下……"将很多小朋友都吓哭了，不再和蒙蒙一起玩耍。爸爸很担心，想了很久，发现儿子之所以变得这么暴力，和他平时看的影视剧有很大关系。

原来蒙蒙很喜欢看武侠剧，看电影也喜欢看一些打打杀杀的类型，久而久之，蒙蒙就开始模仿里面的动作和语言，表现出了暴力倾向。想明白了这一点，爸爸便将蒙蒙叫到了身边，说："儿子，那些电视和电影中的情节都是虚构的，看看可以，学就算了，当不得真的。"

虽然蒙蒙一时还不能完全理解，但是之后爸爸开始和蒙蒙一块儿看电视，选择一些娱乐性比较强的节目，巧妙地避开了那些武侠剧。时间久了，蒙蒙的暴力心理也就慢慢消失掉了。

爸爸妈妈让孩子懂得，电视与电影中的情节和现实社会是有区别的，特别是电视电影中的暴力情节模仿不得，不然就会慢慢影响到现实生活中的语言和行为，变成一个"暴力狂"。当然，最好的办法是，爸爸妈妈在孩子看电视的时候陪伴在左右，帮助孩子选择一些好的节目，避免孩子接触到大量的暴力情节。

让孩子学会理性处理同学间的矛盾。当孩子和同学或者其他的小朋友之间产生矛盾的时候，爸爸妈妈可以这样告诉他们："不管什么样的矛盾，采用暴力的手段解决都是不可取的，只要静下心来，就会知道，除了暴力手段之外，还有很多其他的手段能够解决这些问题。"爸爸妈妈要教给孩子怎么去和别人协商，怎么通过老师来解决问题等，只要孩子懂得的方法多起来，他们的暴力倾向也就会慢慢消弭了。

当然，爸爸妈妈在日常生活中，需要培养孩子宽容豁达的胸怀，如此在产生矛盾的时候，孩子才会看淡，不去想着采用暴力的手段加以解决。很多时候，心胸宽广的孩子自然会远离暴力的旋涡，所以爸爸妈妈在生活中要培养孩子的这种心态。

家 教 心 得

引导孩子养成和平解决问题的心态对孩子的成长是非常重要的，

在孩子的生活和学习过程中，会遇到各种各样的问题和矛盾，假如孩子习惯采用暴力的手段应对，那么最终的结果往往会变得更糟糕。迷信暴力的孩子走入社会也会处处碰壁，只有冷静理智，才会真正解决问题，迅速融入社会。

上网不能只玩游戏

当孩子睁大眼睛开始面对网络世界的时候，很多爸爸妈妈都会变得不安起来。因为作为"过来人"的爸爸妈妈知道，网络世界中不仅有丰富的知识和乐趣，也存在着很多陷阱，对孩子来说，如同洪水猛兽一般，一个把握不住，就有被吞噬的危险。

出于这种担心，有些家长想要在孩子和网络之间架设一堵"墙"，彻底隔断孩子触网的可能。于是有的父母把家里的电脑封存起来，有的父母将电脑设置了密码，禁止孩子上网……时间长了，家长会发现这些方法虽然能暂时阻止孩子接触网络，但是治标不治本。

怎么面对网络，关系到孩子的心理健康，"堵"不如"疏"。爸爸妈妈与其处处防范，不如告诉孩子怎么上网，怎么正确地规避网络中的消极信息等，让孩子明白电脑仅仅是一种工具，沉溺其中是不可取的。

鹏鹏今年十岁，半年前开始接触网络游戏，让爸爸妈妈吃惊的是，没过多久鹏鹏就痴迷起来，经常为了玩游戏而不完成老师布置的作业，导致先前学习成绩很棒的他，期中考试成绩一落千丈。

为了让鹏鹏改正过来，爸爸妈妈想尽了办法，为了预防鹏鹏不去上学，不仅上学送，放学接，而且还"冻结"了他的零花钱，更是将家里的电脑设置了密码。但是这些措施效果却很小，鹏鹏总是能趁爸爸妈妈不注意的时候玩游戏，学习也没多少起色。

后来爸爸静下心来仔细想了想，觉得儿子之所以迷恋网络游戏，和他内心比较封闭有关，所以想要让儿子正确认识网络，必须首先打开他的心扉才行。想通了这一点，爸爸便决定改变自己先前的教育方式。

爸爸开始和鹏鹏一起玩游戏，一起打篮球，踢足球……时间长了，鹏鹏觉得爸爸变了，不再是昔日那种高高在上的形象了，他渐渐变成了自己身边最亲密的朋友。于是鹏鹏渐渐和爸爸说心里话，开始请教一些他自己不懂的电脑游戏知识，之后学习和生活上的一些麻烦事也乐于跟爸爸诉说，听从爸爸的建议。

成了朋友之后，爸爸便有意无意地在言谈中提及网络游戏的危害，而且经常给鹏鹏讲一些电视和报纸报道过的孩子沉溺网络游戏导致的悲剧，不断地"触动"鹏鹏的内心。就这样，在鹏鹏渐渐对网络游戏的危害性有了认识后，爸爸便给他上起了电脑课，讲述一些有趣的计算机知识，比如怎么在电脑上画漫画，怎么使用画图软件，鹏鹏学得很认真，很快便能自己动手"画"一些简单的漫画人物。

就这样，在爸爸的不断引导下，鹏鹏渐渐走出了他曾经沉迷的网络游戏世界。

家庭教育最好的方式不是打骂恐吓，也不是滔滔不绝的说教，而是心与心之间的直接沟通。不管是预防孩子沉溺网络还是将已经沉溺其中的孩子解救出来，爸爸妈妈只有和孩子保持一种心与心的畅通交流，才能正确引导，让他们走上一条正确的成长之路。

不管什么情况都不要使用强制手段。面对孩子的上网行为，最错误的一个方法就是指责和限制。比如有些孩子偶尔去了网吧，爸爸发现之后就是一顿责骂，甚至是体罚，这样一来，那孩子心中难免会产生对立情绪，去网吧的次数反而会越来越频繁。到后来家长和孩子之间的关系简直发展成了"敌我关系"，这样的话，爸爸妈妈再着急，也无计可施。

强强每到周末就喜欢玩电脑，尤其对上面的游戏感兴趣，这样的倾向让爸爸妈妈坐立不安，害怕他染上网瘾。出于这样的担心，每次强强一坐到电脑前面，妈妈就唠叨个没完，之后干脆在电脑上设置了密码，想要掐断强强上网的途径。

但是让妈妈更担心的事情出现了，强强在家上不了网，竟然偷偷跑进网吧，将自己的课余时间基本上都"浪费"在里面。

爸爸妈妈需要知道的是，孩子每天接触网络的时间在两小时以下，是很正常的，根本没必要紧张。智慧的爸爸妈妈会这么做：引导孩子怎么正确地使用网络，告诉他们怎么利用电脑学习，了解社会，放眼世界，并和孩子一起在网络世界中遨游娱乐。

严格控制孩子的上网时间。爸爸妈妈可以和孩子签订一个"上网公约"，限定他们每天的上网时间，比如每天最多两小时，培养孩子相应的上网自律性。

方方比较爱上网，爸爸知道要是限制的话并不是什么好方法，因为家里上不了，儿子自然就会跑到网吧去，那时候情况会更糟。于是爸爸想了一个办法，和儿子方方签订了一个上网公约：

第一，方方每天只有晚上八点到十点间可以上网，其余时间不准打开电脑，如有特殊情况，需要提前通知爸爸妈妈，获得准许后才可以。

第二，上网玩游戏的时间不准超过一个小时，且必须要有爸爸陪同在旁边。

除了限制孩子的上网时间外，爸爸妈妈也要积极培养孩子在其他方面的兴趣点，比如打篮球、踢足球、游泳、舞蹈，这样就会让孩子的注意力分散开来，避免都集中在网络上。这样一来，当孩子上网的时间缩短之后，孩子也不会觉得无事可做，从而减少他们沉溺于网络中的可能。

家长应积极拓展网络的正面作用。一位犹太哲学家说，任何事情都是两面的，有弊端也会有好处。其实网络世界也是如此，假如引导得好，它不仅能在学习上帮助孩子，而且还能让爸爸妈妈和孩子间的沟通变得更有意思。

妈妈发现儿子迷恋上了网络，很担心，和爸爸商量后，觉得强制不让儿子上网，可能会适得其反，逼迫儿子去网吧。想了很久，妈妈决定在网络上做儿子的"网友"，以此了解儿子上网的初衷。

妈妈慢慢"套出"了儿子经常上的网站以及QQ号码，以后只要儿子的QQ头像一亮，妈妈便和他聊天。几次接触下来，妈妈获得了儿子的信任，慢慢成了儿子的知心网友，听到很多儿子在现实中不想说的小秘密。如此一来，妈妈成功掌握了儿子的心理动态，有针对性

地鼓励和引导，让儿子变得更爱学习，也更加懂事。

爸爸妈妈可以利用孩子喜欢网络的特点，将网络变成一个交流的途径，利用孩子的好奇心，做他们神秘而又亲切的网友，从而读懂孩子的心理，有针对性地抚平他们的内心情感变化，引导他们走上正确的人生之路。

家 教 心 得

孩子爱玩游戏，这是当前家庭教育中家长普遍面对的一个难题，如何引导孩子正确使用网络呢？其实孩子爱上网玩游戏，从心理上看无非就是要寻求一些刺激，宣泄一下过剩的精力。爸爸妈妈可以通过一些别的活动和运动来转移孩子的注意力，诸如爬山、舞蹈、绘画等，让孩子将精力转移到正确的地方，缓解他们对网络的依赖。

第四章
百折不挠才有了犹太奇迹

犹太民族是坚韧的、不屈的，虽然历经苦难，但是却依然顽强地生存下来，屹立于世界民族之林。正是因为这样的原因，犹太家长在培养孩子的社会能力时特别注重培养孩子百折不挠的品质，帮助孩子正确认识困难和挫折，磨砺孩子的战斗意识和勇气。

坚持到最后，你才会成功

犹太人对待失败的态度很独特，他们并不认为失败是一件令人沮丧的事情，相反，失败是一个人前进道路上的良师益友，能够让人变得更加睿智坚强。犹太人认为，失败并不可怕，可怕的是一个人不懂得坚持下去，做什么事情都浅尝辄止，不进行深入地了解和研究，抑或在遇到一两次挫折和失败后便选择放弃，这样就永远都不能成功。

所以在犹太人的家庭教育中，便非常注重培养孩子的坚韧意志。犹太家长会告诉孩子什么是坚持，应该如何坚持，坚持到最后会有什么样的收获，等等。他们还会为孩子讲述和坚持有关的故事，让孩子深刻地理解什么才是坚强，这样在孩子的潜意识中，坚持的种子才会深深地扎下根来，让孩子在以后的学习和生活中变得更坚韧。

有这样一个小故事，讲的是一个年轻人。这个年轻人刚刚走出校门，他怀揣着关于青春、关于未来的梦想步入社会的大门。眼前光怪陆离的世界让他目不暇接，他充满了欣喜和激动，也充满奋进的力量。

我们每个人都经历过这样热血沸腾的时光吧？我们也都有过这样对未来的憧憬和期望。这个年轻人也正处于这样的时光里，他带着对未来大展宏图的期望。年轻人开始找工作，他想要学习一门技术，老话说得好"一技在手，衣食无忧"。年轻人开始了学习，他先是学计算机，那个时候，计算机业很火爆，到处都是学习计算机技术的年轻人。这个年轻人学习了一段时间，也就是刚刚入门，这个时候他遇到一个朋友，朋友说："现在计算机业基础人才膨胀，你到哪儿去找工作呀？"年轻人听完动摇了，他决定放弃刚刚起步的计算机去学习财会，财会学了不久，他又听人家说："公司里的财会都要用亲信的，哪个老板会用你呢？"年轻人听完又放弃了。

就这样，他一会儿学习这个，一会儿又学习那个，可想而知，几年之后，和他一起步入社会的人都已经找到了属于自己的位置，并在这个岗位上积极努力地拼搏，而他还在不断地徘徊、抉择，一事无成。

究其原因是什么呢？是这个年轻人对自己没有定位吗？不，不是，他对自己有定位，但是这种定位缺少持之以恒的坚持。他总是在游离之中，总是在怀疑，总是在不断地改变，正是这个不确定的不断摇摆造成了他的失败。

这就好像那个"猴子种瓜"的童话故事里讲的，一个小猴子春天的时候决定要种西瓜，等了几天西瓜还没有发芽呢，它又羡慕起邻居小鹿家种的桃树，于是铲掉西瓜种桃子，桃树的小苗刚成活，它又觉得大象家的樱桃好，拔掉桃树种樱桃……几番折腾下来，这只猴子什么水果也没有种成。由此可见，不管是做什么事情，容易的抑或是困难的，假如没有始终如一的恒心，坚持做事的毅力，那么注定要一事无成。

既然在人生之路上，一颗坚持的心有着如此重大的作用，那么家长在日常家庭教育中应该如何培养孩子的坚持精神呢？

让孩子做喜欢的事情。正所谓"兴趣是最好的老师"，当一个人做自己感兴趣的事情时，其所投入的热情就异常高涨，遇到困难的时候就更容易坚持下去，开动脑筋想办法，将一个又一个的问题解决掉，时间久了，孩子身上自然也就会慢慢展现出对事情持之以恒的耐心和毅力，在人生中变得更加坚持。在兴趣中坚持的孩子，自然也会在今后的人生中变得更加坚韧，取得更大的成就。

孩子能不能学会坚持，习不习惯用坚持的眼光看待问题，和耐心有着很大的关系。很多时候，一个人越有耐心，那么他在学习和做事的过程中就越能够专心，遇到问题的时候也会相对理性，遭遇挫折的时候会着眼于分析原因而不是自怨自艾，甚至是自暴自弃。那么怎么培养孩子的耐心呢？其实方法很简单，除了在日常生活中言传身教之外，家长还可以让孩子在实践中慢慢磨砺耐心。比如家长可以放手让孩子一个人去做一件事情，让孩子在独立做事的过程中褪去急躁之气，那么孩子自然也就会变得越来越有耐心。

有时候，孩子希望能够尝试做一些困难的事情，但是看在家长眼中，却觉得这些事情"不安全""不适合"，所以会制止孩子的行为，要求其"长大后再尝试"。这样做的直接后果就是孩子的挑战精神被压抑，随着时间的流逝被扼杀，最终导致孩子做事畏首畏尾，缺少敢于直面、勇于进取的精神。所以在日常家庭教育中，家长应该培养孩子的挑战精神，鼓励孩子敢于做事、勇于探索的精神。比如家长可以和孩子一起去爬山，和孩子一起挑战身体极限，在不断攀登坚持的过程中锤炼孩子的意志，让孩子品尝到挑战的喜悦，那么孩子在挑战中自然而然地便会拥有一颗坚持的心。

　　总之，坚持的孩子才更容易成功，在人生之路上才能更好地实现自身价值。在家庭教育中，家长要善于培养孩子的坚持精神，将坚持融入孩子的血液之中，如此孩子在成长的道路上才能一步一个脚印，实现既定目标。

家 教 心 得

　　很多时候，一个人能够成功虽然和其才智有很大关系，但是最终的决定因素却可以归结为"恒心"二字——有恒心、能够在实现目标的道路上坚持走下去的人最终会受到成功女神的青睐；没有恒心、意志力薄弱的人，则会被成功所抛弃。所以家长想要让孩子变得百折不挠，首先要做的就是让孩子明白"坚持"二字的含义，培养孩子坚持做事的毅力。

咬咬牙，你就能游过大海

在不断的民族灾难面前，犹太民族以坚韧不屈的大毅力走到现在，并且在现代历史上创造了无数奇迹。可以说，灾难和屈辱在为犹太民族带来伤害的同时，也为他们塑造了顽强、坚韧的民族特性，这也是犹太民族在现代历史上大放异彩的一个重要因素。

正是有了这样的民族历史，犹太人在家庭教育中就特别注重对孩子毅力的培养。犹太人认为智力能够让人做好事，但是毅力却能让人历经挫折而不倒，是人生成功的基石所在，能够让孩子在充满竞争的环境中变得更加出类拔萃，卓尔不群。在很多犹太家庭，父母为了培养孩子的毅力，让孩子明白具备坚韧、顽强精神的重要性，经常会给孩子讲游泳好手弗洛伦丝·查德威克的故事，为他们树立起人生中的第一个学习榜样。

1952年，世界著名的游泳好手弗洛伦丝·查德威克计划从卡德林那岛游向加利福尼亚海岸。在两年前她已经横渡过英吉利海峡，这次她想再创一项纪录。那天，她已经在海水里泡了16个小时，已经临近加利福尼亚海岸，她的嘴唇已冻得发紫，全身一阵阵地打着寒战。但是远方大雾茫茫，使她难以看到目的地。查德威克感到难以坚持，于是向小艇上的朋友们请求说："把我拖上来吧。"艇上的人们劝她再坚持一下，并且告诉她离岸边只剩下一英里了。但是她以为别人在骗她，再三请别人把她拖上去。后来，当她对别人谈起此事时说，如果当时她能看到陆地，她就一定能坚持游到终点，大雾削弱了她的意志力，使她在离成功一步之遥的时候便放弃了。两个月后，查德威克又一次尝试着游向加利福尼亚海岸，这次浓雾还是笼罩在她的周围，海水仍然冰凉刺骨，但是她有了上次的经验，她咬着牙坚持，奋力向前游，最终获得成功。同一个人，不同的结局，再一次证明毅力的重要性。

现在社会，随着人们生活水平的不断提升，安逸的生活环境让孩子普遍缺乏毅力。在中国，很多家庭只有一个孩子，导致家中的长辈对其过度宠溺，由此导致孩子顽强、坚韧教育的缺失。为此很多年轻的家长经常会因为孩子没有恒心抑或脆弱的表现而苦恼。比如，有的孩子一会儿学这个，一会儿学那个，一天到晚忙忙碌碌，却不见成效；有的孩子自制力差，上课经常走神，学习时精力无法集中，或者是制订计划但不执行，一遇到困难就退缩；有的孩子做事经常半途而废，遇到一点困难就想放弃。这些行为都是意志薄弱的体现，如果孩子长期存在这种问题，那么他们将来很难有所成就。

天下无难事，只要下定决心，有恒心、有毅力，那么再难的事也会变得容易了。要学好本领，必须要有毅力，必须持之以恒，只有坚持不懈，才能做成一件事情。因此犹太家长尤其注重孩子毅力的培养。

家长应注意从点滴小事上培养。有些孩子意志不够坚强，做事缺乏毅力，往往是看不起一些小事，以为一节课、一次作业不认真对待，也没有多大关系，这些与意志无关。岂不知，就是这小小的一堂课、一次作业，滋长意志薄弱，最后才导致学习上的"全线崩溃"。反之，有毅力的孩子必定认真对待每一堂课、每一次作业，积小胜为大胜，获得学习上的成功。父母要引导孩子在小事上增长毅力，坚持专心听一堂课，坚持认真完成一次家庭作业，小的坚持会帮助孩子理解毅力的重要性。

父母要懂得放手。凡是孩子自己能做的事情，家长决不要插手，更不能包办。若一时搞不清孩子能不能做到，应该让他先试一试，家长再决定帮不帮、帮到什么程度。要想使孩子意志坚强，家长自己先要做一个理智的、能保证自己的"爱心"不泛滥的人。另外，当孩子遇到确实解决不了的难题时，家长可引导他暂时"撤退"，寻找其他解决的办法，帮助孩子建立克服困难的信心。

注重培养孩子的做事习惯。有的孩子做事一曝十寒、半途而废、虎头蛇尾，其根本原因在于缺乏毅力。培养孩子的毅力可以从培养良好的做事习惯开始，比如有的孩子学习时，经常是削削铅笔，捅捅这个，摸摸那个，总不能集中精力去学习，家长可以缩短他们学习的预定时间，给以一定的奖励，在既定时间完成作业可以去看电影，或者允许和小伙伴玩耍。这样，可以帮助孩子战胜做事的惰性，培养做事的毅力。

引导孩子在实践活动中锻炼意志力。意志是人在克服困难的过程中形成和发展起来的。离开了实践活动的锻炼，仅靠"纸上谈兵"是不能培养起意志力来的。父母可以根据孩子的年龄和性格特点，有计划、有步骤地在学习、生活中，安排各种活动，让孩子参加，并对他们提出一定的要求，使他们在各种有难度的活动中，逐步形成坚定、勇敢、顽强、果断的品质。特别要让孩子参加一些难度比较大的活动，这对培养孩子的毅力有重要的意义。

总之，能否培养孩子的毅力，这是对家长教育艺术的考验，也是对家长毅力的考验。意志坚强的家长才能培养出有毅力的孩子，家长本身意志薄弱，做事半途而废，很难培养孩子的毅力。犹太人族群整体具有意志坚定、做事带有毅力的品质，也较容易培养意志坚定的孩子。作为父母，重视孩子的毅力培养，也要从自身做起，遇到困难不轻言放弃，想方设法战胜困难和挫折，为孩子树立良好的榜样。

家教心得

培养毅力本身就需要家长的毅力。父母可以和孩子商量，制定一些小规矩培养孩子的毅力。给孩子找点需要长期坚持的事情做，比如坚持晨练、写日记，等等，至少要能坚持一个学期。还可以帮助孩子制订学习目的和计划，对每章、每节的学习，要制订出学习的目的和计划，父母要经常检查和监督。这些事情，日积月累，就会帮助孩子养成做事有目的性的习惯。如果中间孩子半途而废，家长不要发火，要再给孩子机会。

和自己赛跑的人才会超越自己

犹太人为了让孩子更加坚韧，在挫折和失败之前更有抵抗力，非常注重对孩子"当下"意识的培养。犹太人认为，只有懂得当下重要性的人才会珍惜时间，才具有强烈的进取心，这样的人在遇到挫折和困难时就不会轻易被击倒，即使暂时失败了，也会在强烈进取心的支配下再次站起来，为了实现目标而不断地奋斗。

有句话说得好："和自己赛跑，不要和别人计较。"仔细品味这句话，对我们教育孩子的启发很大：每个人都有自己的生活，人生是自己的人生，又何必与别人比来比去呢？要知道富丽堂皇的宫殿中也会有人悲恸哭泣，茅屋中同样也存在着欢声笑语。假如孩子在生活和学习中能够明白这样的道理，将精力专注于自身，珍惜当下，不断超越曾经的自己，那么孩子自然也会成为一个顽强进取的人。

在家庭教育方面，家长需要让孩子意识到"立足当下"的重要性，从现在就行动起来，做好眼前事，不断地超越自己，如此，人生才会变得越来越美好。

一个人的成功，从本质上而言是一系列目标实现的累加，而非做好一件事情就万事大吉了。基于此，家长要引导孩子制订相应的计划，诸如学习计划，储蓄计划，行动计划，等等。当孩子在做事之前习惯制订计划时，在具体实施过程中就会变得更有条理性，对挫折和失败也会更具免疫力，能够按照既定的计划走下去。如此，孩子的人生才会不断地完善，才会更具韧性。

和别人比较，有时候会让自身备受打击，但是和自己比较，却总能让人清楚地感知到自身的变化，找到自身的差距抑或进步。所以家长要引导孩子建立起"和自己比较"的习惯，让孩子在学习和生活中学会审视自身，在和过去某一个阶段的自己对比中了解现在的自己到底是后退了还是进步了。这样一来，孩子对自己的实力变化才会了如指掌，在做事的时候才会变得更有针对性，更加坚韧果敢。

也就是说，想要让孩子在人生之路上百折不挠，始终向着人生目标前进，那么家长在日常教育中就要首先培养孩子对"当下"的敬畏感，让孩子珍惜眼前，做好眼前的事情，并且学会制订计划，不断地小步前进，超越曾经的自己。如此，孩子才会真正地抓住时间，做自己想做的事情，在不断超越自己的过程中变得更加强大。

家教心得

从表面上看，引导孩子珍惜时间，不断地超越自己，和培养孩子百折不挠的精神之间似乎没有什么关系，但实际上两者之间却存在着紧密的关联。孩子珍惜当下，不断地超越自己，才会浑身充满前进的动力，才能在挫折和失败面前充满斗志，不会轻易倒下。所以家长要在平时的教育中引导孩子珍惜时间，做好当前的事情，不断地超越自我。时间久了，孩子自然就会在超越中变得坚韧不拔。

你觉得自己行，那么你就行

犹太民族历史上经历了诸多灾难，却没有被击倒，灭亡，近代社会更是一跃成为全球各个领域影响巨大的民族，除了犹太人的聪敏外，最重要的一点就是那种近乎无敌的自信。犹太人自小就会从父母那里接受自信教育，父母经常对孩子说的一句话就是"孩子，你要相信自己，当你觉得自己行的时候，那么你就一定能行"。正是有了这种自信教育，犹太民族才能屹立于世界民族之林，成为最璀璨的明珠之一。

由此可见，在孩子的家庭教育过程中，家长要重视孩子的自信教育，力求让孩子明白自信的重要性，并一步步将自信精神融入孩子的血液中去，让孩子在做事的时候能够充分地发挥出自己的实力，甚至超常发挥潜力，创造出奇迹。

美籍犹太作家阿西莫夫的故事充分说明有自信做事的重要性。阿西莫夫本来是一个科幻迷，一天上午，他在打字的时候，突然脑子里面跳出这样一个想法："我不能成为一个第一流的科学家，但是我可以努力成为一个第一流的科普作家呀！"他将自己的这种想法告诉了周围的人，大家都觉得阿西莫夫的这种突发奇想太过荒诞：假如一个人想让自己变成什么样就能变成什么样，那么成功岂不是信手拈来？

尽管周围的人都劝阿西莫夫实际一些，不相信他能够实现他的梦想，但是阿西莫夫却认为自己一定能够成为一个第一流的作家，这绝对不是毫无根据的幻想。于是阿西莫夫便立即行动起来，将所有的时间和精力都投入科普创作上。尽管一开始，阿西莫夫遇到了各种各样的困难，经历了很多失败，但是在他的内心中始终坚信自己可以实现梦想，跻身第一流科普作家行列。正是这种自信，使得阿西莫夫能够始终保持旺盛的创作热情，在创作道路上越走越远，经过不懈地努力，阿西莫夫最终实现了自己的梦想，成为当代世界最为著名的一位科普作家，成了无数人心目中的偶像。

无论在哪个时代，自信都是优秀人士最为重要的品质，细细品味那些成功人士所走过的道路，几乎所有人都有着超乎一般人的自信心，也正是依靠这种强大的自信心，他们才能一路走下去，战胜前进道路上的一个又一个困难，将自己的事业推到了一个常人所不能企及的高度。

虽然父母都希望自己的孩子能够自信，但现实生活中，有些孩子却因为对自身认识不足，对很多事情都没有勇气去尝试，时间久了，必然会影响到孩子的个性发展，不仅使得他们缺乏独立性，而且还会让他们在做事的时候总是犹豫不决，不敢放手做，以至于很多原本能够做好的事情最终都做不好。如果此时父母一味训斥孩子，说孩子"没能力"，甚至给予一定的处罚，只会让不自信的孩子变得更加封闭，会对孩子的自尊心造成极大伤害。

犹太家长认为，孩子之所以会缺失自信心，最关键的一个原因是

犹太人正面管教：
如何培养孩子的社会能力

孩子在面对未知的世界时相对于成人更加迷茫，不懂得如何去应对。所以在家庭教育中，犹太父母往往非常注重孩子自信心的培养，仔细观察寻找孩子恐惧的原因，以身作则，有针对性地培养孩子的自信心和勇敢的品质，只有让孩子变得更加自信，孩子在人生道路上的脚步才会更加坚实，才能为了自身目标战胜诸多阻碍。

想要让孩子拥抱自信，一个重要的前提条件是孩子必须能够正确地看待自身，理性地确定自己的实力和潜力。只有对自身有一个正确认知的孩子，在做事时才会知道自己能做什么不能做什么，才会具备相应的自信心。从心理学上看，这种现象其实是一种"已知安全感"——人们通常会对未知的不确定性抱有某种恐惧心理，但是对已知的事物却会快速地建立起相应的信心。所以家长应当尽早地引导孩子认识自身，比如可以和孩子一起探讨他身上的优缺点，帮助孩子全面地认识自身实力，这样孩子在做事时才能把握好分寸，变得更加自信。

在孩子眼中，父母无疑是最好的老师，当父母以自身充满自信的形象来影响孩子时，孩子就会在潜移默化的影响下变得更加勇敢、更加自信。此外，父母还应该坦率地承认自己曾经也有不自信的时候，比如上台演讲，站在讲台上心里面却像装了一个小兔子；主动搭讪新同学，但是张开了嘴却不知道该说什么话；去老师办公室请教问题，看到老师之后却没有勇气说出问题……家长可以通过自身曾经不自信的表现，拉近自己和孩子心灵间的距离，在同孩子分享自己如何从不自信转变为自信的过程中，让孩子明白这样的道理：自信是非常重要的，很多事情并不是能力不够做不好，而是缺少信心，当我们建立起信心时，那些横亘在我们眼前的困难就会烟消云散。

心理学家研究发现，当人们持续不断地在内心中对自己进行积极心理暗示时，人们在行动上也会变得更加积极，做事成功的概率也会随之而提升。在家庭教育中，家长可以利用这种积极的心理暗示方法，培养孩子的自信心。比如当孩子在做事之前对自身实力产生怀疑时，家长可以引导孩子在心里不断重复"我能行""我是最棒的""一定能够做好"之类的积极暗示语言，重复的次数多了，那么孩子自然也就会相信自己一定能行，能做好，自信心也就树立起来了。

学习犹太人的教育理念，一个最重要的方面就是对孩子的自信教育。当孩子懂得自信的重要性以及如何让自己变得更加自信时，那么在前进的道路上，他便会变得更加成熟，能够更好地挖掘出自身的潜力。更为重要的是，自信的孩子意志力也会变得更加强大，在困难和挫折面前的承受能力也会增强，如此一来，孩子在之后的人生道路上才能不断地前进，实现一个又一个人生目标。

家教心得

一个人想要走好人生路，就必须要有一颗自信的心，成人如此，孩子更是如此。而自信心的树立则需要在正确认知自身实力的基础上，不断地磨砺和积累，不断地进行积极的心理暗示。所以在培养孩子自信心的过程中，离不开家长的以身作则，家长在做好榜样的同时，还需要帮助孩子正确地认识自己，挖掘孩子的潜能，引导孩子进行积极的心理暗示。只有当孩子自信起来，他们在人生道路上才会变得更加坚韧，才能在困难和挫折面前百折不挠。

爱丽丝"蜕变记"

犹太人认为，很多时候个人的力量是有限的，很难改变外部环境。但是一个人虽然改变不了周围的环境，却可以改变自己，让自身更好地适应环境，更好地生存下去。犹太民族历经磨难最终生存下来，依靠的就是这种智慧，针对环境改变自身，让自身能够更好地适应环境，这是一种更高境界的坚韧。

犹太人的这种教育无疑是睿智的，让孩子尽可能地根据外在的环境改变自己，更好地适应周围的环境，这样的孩子才能更持久地做一件事情，才会在挫折和失败面前不断地调整好自己。试想一下，这样的孩子是不是会变得更加乐观、更为坚韧？

有一位名叫爱丽丝的犹太女性，她随丈夫住在美国加州莫嘉佛沙漠附近的陆军训练营里，她很讨厌这个地方，甚至是深恶痛绝。当她丈夫出差的时候，她只能一个人留在那间破旧的小屋中。沙漠里最多的是仙人掌，天气炎热，风吹得到处都是沙子，她找不到一个人来聊天说话，因为这边的人都是墨西哥人和印第安人，而他们不会说英语。她非常难过，想要回家，一刻都不想待在这里，她给她的父母写了一封信，告诉父母，她在这个地方一分钟也待不下去，待在这里还不如住到监狱里去，而她的父亲只给她回了一句话：一个人从监狱铁栏里往外看，看到的尽是烂泥，而另一个人看到的却是满天星斗。她将父亲的回信读了一遍又一遍，她觉得很惭愧，从此下定决心，一定要找出周围更有意思的地方，她要去看那些"星星"。

爱丽丝慢慢地和当地人交上了朋友，当地人对她的态度令她惊奇：当她表示对他们织的布和做的陶器感兴趣时，他们就把那些不肯卖给游客的最好物品赠送给她当礼物。爱丽丝慢慢对周围的景色有了兴趣，她会仔细观察仙人掌和丝兰迷人的形态，会去欣赏沙漠日落的景色，她还会去找贝壳，因为那片沙漠曾经是海床，她觉得沙漠里的景色真是壮观，漂亮极了，她一天比一天快乐。

什么使得爱丽丝的感觉变得更好了呢？这里的一切自然环境没有变化，墨西哥人和印第安人也没有变化，可是爱丽丝却发生了变化——她改变了自己的态度，改变了看待周围环境的心态。正因为爱丽丝改变了自己，先前让她不开心、不舒服甚至厌恶的环境，慢慢地变得顺眼，她从中找到属于自己的乐趣，看到一颗颗善良真诚的心，发现平时所忽视的美丽。正因为如此，爱丽丝从她自己设下的"监狱"中向外看，终于看到了她的"星星"。

对孩子而言，在自身实力范围内能够解决的事情可以坚持下去，一步步做完，但是假如事情大大超过了自身能力范围，那么再坚持下去，则会事倍功半，投入大量时间和精力，最终的收获则可能会竹篮打水一场空。所以家长应当引导孩子正确地审视自身的能力，只有对自身能力有一个真正了解，孩子才会在做事的时候灵活地采取措施，更好地实现预定目标。

让孩子了解环境短时间内的不可逆性。很多孩子内心总是存在着这样一种想法：我想做啥就能做好啥。这种想法从本质上看带有一定的改变环境的性质，总是在心理上认为自身可以改变周围的环境，让它更有利于自身的发展。但事实上，周围的环境在短时间内是很难凭借个人的意志而改变的，因为个人能力即使再强，但终有上限。所以家长在日常教育中应该让孩子明白这样的道理：企图在短时间内改变环境是不现实的。有了这种认知，孩子才不会在生活和学习中与自身改变不了的环境作对，才能更好更巧妙地做事。

既然环境在短时间内改变不了，那么对孩子而言，主动去适应环境才是让自身变得更加快乐、强大的睿智选择。家长可以引导孩子针对特定的环境灵活地调整计划，和孩子一起做出改变，继而让孩子养成灵活应对环境的习惯。比如当孩子比赛输了意志消沉的时候，家长可以对孩子说："比赛已经结束，即使你再沮丧，失败也不可能逆转。不如我们一起练练球吧，争取下次打败对手！"如此，孩子才会接受失败，才能将更多的精力投入训练中去，让自己变得更好。

环境是客观存在的，我们在改变环境的时候还应学会去适应环境，特别是对能力比较有限的孩子而言，更应该在生活和学习中去适应环境，更加灵活地应对身边的事物，更好地实现预定目标。可以说，孩子越灵活，越能适应周围的环境，那么其在前进的道路上就会越坚韧，就能够走得越远。

家 教 心 得

能不能快速地适应周边的环境，能不能灵活乐观地做事，对孩子的一生将会产生巨大的影响，甚至在某种意义上决定着孩子人生的高度。对环境适应能力强，能够灵活做事的孩子往往能够更坚韧地向着自身的预定目标走下去，而那些不能适应环境、呆板做事的孩子，在前进道路上则往往会碰得头破血流。所以对孩子环境适应力的培养是非常重要的，家长需要不断地提升孩子适应环境的能力，如此，孩子才会变得更加坚韧，才能百折不挠地向着人生目标前进。

"智力低下" 的伟大园艺师

犹太人认为，一个人的心态会极大地影响到这个人看待问题的视角，最终影响到这个人的人生轨迹。就好比一个装满水的瓶子倒下，尽管快速地将之扶起来，但是一半的水还是洒掉了，乐观心态的孩子会将眼光锁定在还存在的那半瓶水上，觉得自己非常幸运，而别的孩子则通常会自认倒霉沮丧地注视着那空出一半的瓶子，哀叹老天不公。所以犹太家庭在教育孩子时，非常重视孩子乐观精神的培养，告诉孩子人不可能完美，应该将目光锁定在自身的长处上，坚韧地走自己的路。

纵观各行各业中做出成就的名人，无不是能够正视自身、乐观坚韧的人。很多时候，人生并非一帆风顺，也许上帝会在我们前进的道路上残忍地关闭一扇门，让我们看不到远方，但是这个时候我们千万不要惊慌失措，甚至自暴自弃，认为人生之路就此断绝。很多时候，上帝在关闭一扇门的同时，会为我们开启一扇窗，只是我们未曾审视人生，不曾发现罢了。当我们找到这扇窗时，我们的人生同样可以精彩。

美国著名的园艺师阿尔伯特，从小就被老师标上了"智力低下"的标签。有一天，老师把阿尔伯特的父母叫到学校，对他们说："你们孩子的智力测试结果表明，他现在根本就不适合在学校里面继续学习。"父母将阿尔伯特接回家，对他说道："孩子，虽然你现在不能去学校，你的人生有了遗憾，但是我们要换个角度看，人生就像一个瓶子，虽然现在里面的水洒了一半，但是里面还有一半呢。比起空瓶子，是不是很幸运？只要你肯努力，相信自己，认定一个方向前行，那么你就同样能够活出自己的精彩！"在父母的鼓励下，阿尔伯特虽然离开校园，但是内心却并不认同老师的话，他觉得自己身上终究能够找到一个闪光点，让自己变得与众不同。之后的日子里，阿尔伯特便待在院子里和各种花花草草打交道，他发现自己对花草有一种特别的了解，仿佛能够同它们交流一般，总是知道它们需要什么。

在阿尔伯特 17 岁那年，有一次，他经过市政厅，看到前面的一块空地上长满了杂草，荒芜得不成样子。他立即找到了市政广场的负责人，对他说："把这块空地交给我打理吧，我不收一分钱！"那位负责人觉得与其一直让这块空地闲置着，不如让他试一试。于是阿尔伯特回家拿来工具，将空地上的草坪修整一新，创造出各种各样的造型，于是先前乱糟糟的广场一下子有了自己的特色，成了市政厅前面的一张亮丽的名片。

有一天，市政府召开会议，很多知名的政治人物都前来参加。广场上的这块空地展示出来的"园林艺术"吸引了很多人的注意，他们聚在一起，评论广场上的造型，一致认为这是大师的作品。可是，当阿尔伯特出现在他们视野中的时候，他们谁也不敢相信，这处漂亮的园林作品竟然出自一个少年之手，他甚至连小学课程都没有学完！

阿尔伯特从那个时候开始正式接触园林艺术，凭借着自己在园林方面展现出来的惊人天赋，创作出一个又一个让人难忘的杰作。尽管他没有什么高学历，甚至连智商都被认为有问题，但是阿尔伯特并没有因为自身的缺点和别人的看法而彻底否定自己，而是在自己选择的道路上不断地前进，最终闯出了一片自己的天地。

　　阿尔伯特的父母无疑是睿智的，他们让阿尔伯特明白了这样的道理：失去多少并不重要，最关键的是剩下多少，并在此基础上踏踏实实、百折不挠地走下去，那么成功自然就会降临，最终一切都会变得美好起来。正是能够在内心中肯定自己，百折不挠地一步一步走下去，园艺界才有了一位大师。

　　让孩子看到自己的闪光点。想要让孩子在挫折面前坚强起来，家长首先要做的就是引导孩子看到自己身上的闪光点，让孩子意识到失去一些，缺失一点，并不意味着整个人生的失败，因为除去失去的那些东西，我们身上还剩下诸多闪闪发光的东西，我们以此为基础，还能做出其他成就。当孩子明白这一点之后，便会对自身能力有一个客观的认知，让孩子在失败和挫折面前始终都能保持一个良好的心态，能够正视自身的价值，从而更加坚韧不拔地走下去。

　　家长要引导孩子正确对待别人的评价。人人都希望获得别人的赞赏和表扬，希望所做的事情能够获得周围人的肯定，孩子的这种心理相对于成人则更加强烈、更为渴望。一般而言，孩子的心灵比较单纯，对外在的评价比较看重，特别是对别人加在自己身上的一些负面评论过于敏感，往往会导致意志消沉，甚至会因此而产生自暴自弃心理。所以，家长要在日常生活中针对孩子进行专门的评价引导，帮助孩子正确积极地看待别人的评价——针对别人的正面评价，要以平常心看待，再接再厉，要求自己在今后的日子里做得更好；针对别人的负面评价，则需要从中找到自己身上的不足，然后积极地看待自身，要坚信只要自己相信自己能行，那么最终自己就一定能够成功。

很多时候，在我们的身边总是能够看到这样一群人：他们尽管失败了，但是脸上却始终洋溢着淡淡的笑容。他们之所以能够微笑着面对失败，是因为明白失败只是暂时的，只要从中汲取教训，那么在今后的日子里便一定能够拥抱成功。也正是拥有这种乐观的精神，所以这些人往往能够在各自的行业内做出成绩，实现自身的价值。所以家长要想让自己的孩子如同犹太人般百折不挠，那么就必须为孩子灌输乐观向上的精神，比如在生活中以身作则，和孩子一起乐观面对挫折和失败，等等。这样，当孩子学会以乐观精神看待身边的人和事情时，那么孩子在今后的人生中就会变得更加坚韧。

总之，家长在日常生活中要让孩子看到自身的闪光点，要引导孩子正确地看待别人的评价，培养孩子乐观看待问题的习惯。当孩子具备这些能力和习惯，那么在今后的人生道路上，自然就会一步一个脚印地走下去，在坚韧中创造一个又一个奇迹。

家 教 心 得

想要孩子变得更加坚强，仅仅对孩子说"你要学会坚强，要变得更加坚韧"是远远不够的，这样的话语对孩子而言太过抽象单薄，实际所能起到的影响力是极为有限的。家长想要让孩子真正变得坚韧起来，首先要做的就是在孩子心中埋下乐观的种子，让孩子学会用客观的心态去面对人生之路上的种种挫折和失败，才会真正理解坚韧背后所代表的精神。

勇往直前，困难就会被你踩在脚下

犹太人在对孩子进行挫折教育时，很注重给孩子灌输勇敢的精神理念。犹太人认为，想要一个孩子能够在挑战面前敢于面对，在挫折面前不屈不挠，首先要具备的就是一种勇往直前的锐气。假如一个人失去了勇往直前的锐气，那么他在邂逅挫折时，就会被击倒，会因此失去再次前行的勇气，甚至会如同受到惊吓的鸵鸟一样，将脑袋藏在沙土里，逃避眼前的世界。

正因为犹太人的这种勇气教育，犹太孩子在面对挫折时普遍都能勇敢地面对，即使暂时在情绪上陷入低谷，也会在沉寂中再次站起来继续前行。也正是有了这种挫折教育，犹太民族才能在一个又一个灾难面前顽强地生存下来，并且创造出了一个又一个奇迹，在各行各业都焕发出了勃勃生机。

一个年轻人，从他开始上学时一直是三好学生、班干部，并且初二那年，他在全国奥数比赛获得第二名；还没到 17 岁，就被保送到某重点大学深造。然而，命运总在跟他开玩笑，在他接到大学录取通知书那年，发生了意外：在一次过马路时，他被一辆飞驰的车辆无情地压断了他的双腿和左手。对他来说，这样的结果让他无法接受，甚至生不如死。痊愈后，他看着自己残缺不全的躯体，感觉生命没有任何意义，一生就这样被突然改变，在强大的心理压力下，他甚至想到了结束自己的生命。

为了排解他的负面情绪，让他重新树立信心，他的家人特意把他送到乡下的姑妈家静养，每天的生活很单调，不是吃饭睡觉，就是睡觉吃饭，他不知道怎么打发大把的时光，在这样的环境下，人也更加灰心丧气和慵懒起来。一晃半年过去了，直到有一天，无所事事的他，鬼使神差地自己摇动轮椅走出了那个小院落。冥冥中一切自有安排，他与那两棵树不期而遇。那是两棵奇怪的树，与别处的树不同，它们尽管扭曲着肢体，却顽强地向上挺立着。他有些奇怪，仔细看了看才发现两棵树之间有一根七八米长的铁丝，铁丝的两端深深嵌进树干里。见他比较关注，住在一旁的邻居告诉他，七八年前为了方便晾晒衣服，有人在两棵小树之间拉了一根铁丝。时间一长，由于树干越长越粗，但是树干被铁丝缠绕的部分无法冲出束缚，叶子枯黄，没了生机，很多人都认为它们要死了，没想到第二年春雨过后，这两棵树又吐出了新芽，而且不仅如此，伴随一年年树干变粗，最终呈现出两头粗、中间细的奇怪形状。

他的内心一下子激动起来，在面对无法抗拒的暴力和噩运时，两棵小小的树仍然能够努力冲破阻碍，作为一个坚强的人，又怎么能够轻易放弃呢？这时久违的信心和勇气开始重新升腾，尽管仅存右手，他仍然用尽全身的力气撑起整个身体，给那两棵苦难而坚强的小树深深地鞠了个躬！很快，他回到城里，拾起当年的课本和学业，凭着不懈的努力和毅力自学完大学全部课程，毕业后又创办了自己的公司，如今已经成为一家资产上千万的私企老总，并被选为市十大杰出青年。

对孩子而言，遭遇挫折和苦难并不是最可怕的事情，最可怕的是，他们在遭遇挫折和苦难之后失去一往无前的那种锐气，不敢再正视自己，不肯再跨出前进的脚步，甚至从此一蹶不振，变得自怨自卑起来。所以，犹太父母的勇气教育才是最睿智、最精明的，让孩子内心不因一时一事而失去勇气，不因失败而止步不前，如此，孩子才会在不断前进中获得成功女神的青睐。

其实家长可以尝试让孩子一个人做事。很多家长出于对孩子的溺爱而习惯性地帮助孩子做事，不管大小，全部包揽到自己的身上。这种做法虽然表面上看是帮助孩子，但实际上对孩子而言却属于一种精神上的毒害——家长大包大揽，孩子就会缺乏独立做事的意愿和能力，将来一旦遇到什么需要自己去做的事情，不但做不好，还缺少坚持做下去的勇气。这样的孩子就如同温室中的花朵一样，一旦遭遇到风雨，很快就会折断凋零。

让孩子一个人做事，培养孩子的独立能力，仅仅是向孩子灌输百折不挠精神的第一步。想要让孩子变得更加勇敢，能够在成长的道路上百折不挠地完成各种设定的目标，那么就必须学会接受失败。家长要在日常生活和学习中引导孩子正确地认识失败，让孩子了解自己为什么会失败，应该从失败中汲取什么样的教训。这样一来，失败在孩子的眼中才不会意味着终结，而是一面能够找出自身不足之处的镜子。有了这样的认知，孩子在遭遇挫折和失败时，就会以平常心看待失败，并将之视为向更高处攀登的台阶。

孩子因为年龄小，人生经历不够，所以在面对很多事情时因为眼界不够而看不到事情的本质，往往被表面上的东西所迷惑。其实成功和失败和人的勇气有很大关系，很多时候，咬咬牙，勇敢地迈出第一步，不断地向前走出，成功自然而然地就降临；相反，只看到了表面的困难就被吓住，继而产生畏惧情绪，原地踏步，甚至滋生自卑心态，放弃心中的梦想。

总之，在日常生活中，家中在有意识地培养孩子的勇敢精神，向孩子灌输坚持到底的做事原则，让孩子敢于正视失败，敢于剖析失败，这样孩子才能在失败中不断地汲取经验，最终成长为一个勇敢、坚韧的人。

家 教 心 得

孩子对挫折和失败的承受能力往往比较弱小，也许会在经历一次失败之后自信心就会受到很大的打击，甚至从此一蹶不振，不敢再次迈出向前的脚步。所以家长在日常生活中要有针对性地对孩子进行勇敢教育，要勇敢地放手让孩子去做，想要让孩子勇敢，那么家长首先要先勇敢起来。只有做到了这一点，孩子才能真正体会到挫折和失败的滋味，才会在一次次的经历中变得越来越勇敢，越来越坚韧。

第五章
善于创新，犹太人清楚如何实现个人价值

　　创新是一个人能够在社会上立足的最重要能力，也是一个民族进步的根本动力所在。犹太民族特别重视对孩子创新能力的培养，认为孩子只有具备创新精神，能够在生活和学习中积极主动地去创新，长大之后才能更好地实现个人价值，整个民族才会更加兴旺，更有发展潜力。

允许孩子"撒野"

在犹太人的创新教育中，是允许孩子"撒野"的。犹太人认为创新的基础正是在于不循规蹈矩，在于对传统的颠覆，而孩子的"撒野"行为则暗合创新的这种基础，孩子在"撒野"过程中对创新的理解也会更加深刻。在犹太人的教育观念中，创新就是打破陈旧的规矩，在某些方面进行突破，所以当孩子"撒野"时，犹太家长通常会持一种观望甚至是鼓励的态度，当然"撒野"是有红线的，当孩子的行为将要碰触到红线时，犹太家长就会立即进行阻止，将孩子的行为约束在一定的范围内。

实际上，孩子并没有好和坏之分。有些家长经常会说这样的话："看看人家的孩子规规矩矩，再看看自家的孩子，整天淘气，惹是生非，简直就是个小猴子。"这些父母无疑希望自己的孩子老老实实，能够守规矩，虽然这样能够让孩子成为大家眼中的好孩子，但从本质上而言，对孩子创新能力的发展却不是一种好现象。

现实生活中，很多家长往往会习惯性地将注意力集中于孩子"撒野"的破坏性上，却忽视孩子"撒野"背后更深层次上的东西，忽视了孩子在这个过程中表现出来的创新意识和能力。甚至很多家长对孩子的"撒野"行为采取错误的方式，呵斥打骂，给孩子幼小的心灵带来极大的伤害，扼杀了孩子的创新萌芽。

其实在很多时候，"撒野"淘气是孩子聪明、创新意识强烈的体现，正所谓"淘丫头出巧，淘小子出好"，说的就是这个道理。爸爸妈妈要意识到这一点，允许孩子淘气，保护孩子的创新探索意识，赏识他们对某些规矩表现出来的怀疑精神，甚至和孩子一起"撒野"，让孩子在"撒野"中学习，在淘气中树立创新意识。

好动是儿童的天性，一般而言，大部分孩子都不能从始至终地做一件事情。父母经常会为孩子翻箱倒柜的行为烦恼，看着刚刚收拾整齐的房子一转眼就被孩子弄得乱七八糟，便会严厉地呵斥孩子："不许撒野，给我老老实实地坐在那儿！"孩子也许会不听话，继续自己的行为，有的父母便会诉诸武力，假如孩子稍有反抗，那么之前还在空中的巴掌便会实实在在地打在孩子的屁股上。于是之前还"撒野"的孩子在父母的武力打击下暂时安静了下来，假如父母长期这么做，那么孩子最终就会变得听话起来，变成了一个"懂规矩"的孩子。

孩子不再烦人，意味着孩子的创新天性也被无情地扼杀掉了。孩子在父母的压制下改变了自己的天性，按规矩说话做事，培育创造力的土壤自然也就越来越贫瘠。中国传统教育就是让孩子规规矩矩，将孩子身上的"野气"给净化掉，将他们的棱角打磨掉。于是渐渐地，在很多家长心目中便形成这样一种共识：听话的孩子才是好孩子，淘气撒野的孩子则是坏孩子。正是父母的这种教育态度，将原本富有创造力的孩子训练成木头人。

所以爸爸妈妈应该鼓励孩子"撒野"，让他们将"野气"散发出来，将隐藏在内心中的探索精神激发出来，如此才能最大限度地发掘孩子的创新意识。一位犹太儿童教育学家说过这样的话：让孩子在独立中成长，必须通过帮助孩子自己做事，自己决定活动内容，自己选择玩具等，使孩子感到自己是独立的个体，变得更加自信，更加努力。所以，爸爸妈妈不要将孩子管束得太紧，约束得太紧，那么孩子的创造性就会慢慢地被扼杀掉。

那么爸爸妈妈如何适度地让孩子在"撒野"放飞创造力的同时又不至于越过红线呢？

首先，可以转移孩子的注意力。当人们在专心做事的时候最担心的往往是别人打扰，成人如此，孩子也如此。很多孩子常常会将家里的东西，不管是有用的还是无用的，不管是危险的还是安全的，将这些东西作为自己游戏的道具，这时候假如家长采取强迫、威胁的形式让孩子终止游戏，显然是非常不明智的。家长可以利用孩子注意力比较分散的特点，打扰他们，转移他们的注意力，趁机将一些不能玩耍的东西移开。这样一来，既能保证孩子的安全，又让孩子可以继续"淘"下去。

其次，家长要正视现实。孩子的兴趣和个性因为年龄阶段的不同，会体现出不同的差异性，有的孩子可能比较稳重，有的则比较淘气。假如自家孩子比较淘气，那么父母应该正视现实，理解孩子的心情，走进孩子的内心世界，和孩子做朋友，一起玩耍。在这个过程中，父母要及时发现孩子身上的优点，肯定孩子的创新能力，让孩子能够再接再厉，更深入地挖掘自身的创造潜力。假如父母无视孩子个性上的区别，强迫孩子学习别人守规矩，就可能导致孩子心理上的失衡，最终只会扼杀孩子的创新能力。

最后，家长利用孩子展示出来的兴趣爱好因势利导。孩子的精力旺盛，想象力丰富，对事物充满好奇心。爸爸妈妈可以根据孩子的兴趣爱好引导孩子进行有益的兴趣爱好。比如，孩子喜欢登高探险，爸爸妈妈可以和孩子一起去爬山，在这个过程中引导孩子认识各种植物和动物，启发孩子思考问题；假如孩子喜欢玩动手动脑的游戏，那么父母则可以专门为孩子准备一个玩具箱，在里面放置一些旧收音机、手电筒、飞机模型等，让孩子拆解拼装，引导孩子进行各种科学探索，培养孩子创新的兴趣。这些有益的活动既能丰富孩子的知识储备，又能开发孩子的创新意识，让孩子将"淘气"劲用在正确的地方。

家 教 心 得

孩子"撒野"淘气，正是精力旺盛、创新意识比较强烈的体现，很多家长却将之视为"破坏性"，将之压制，是非常短视的行为。在家庭教育中，面对孩子身上的"野气"，堵不如疏，家长要适时引导，让孩子在兴趣的基础上爆发出更为浓厚的创新意愿。

当一次"领头羊"

犹太家长在培养孩子的创新意识和能力时，善于从激励孩子敢于做第一个吃螃蟹的人切入。犹太家长认为，当孩子能够敢于人先，主动走到别人前面，挑战自己，挖掘潜能时，在勇敢挑战自己的这个过程中，孩子的创新性就能够被大大激发。

但是在现实生活中，很多孩子的竞争天性被压抑住了，他们看起来并不怎么喜欢竞争，对当"领导"几乎没有什么兴趣，甚至还有些孩子心甘情愿地成了小伙伴的"小尾巴"和"跟屁虫"。

烁烁上小学五年级，个头很高，身体也长得很强壮，学习也不错，让爸爸妈妈很少操心。但是有一点却不怎么"协调"，在集体活动中，烁烁不爱当"头儿"，只爱做"尾巴"。比如在学校参加活动，大家都忙着吹气球，做花篮，烁烁却什么事儿也不做，别的同学说他，烁烁还振振有词，反驳道："老师并没有安排我做什么。"

老师对烁烁妈妈担心地说道："烁烁不积极参加活动，做事不自信，不愿意探索创新，证明他的性格中缺少必要的竞争意识，没有领导能力，需要特别关注。"

现代社会竞争激烈，希望孩子长大之后成为某一个行业或者部门的"领头羊"，是很多家长的心愿。很多爸爸妈妈也想当然地认为，孩子天生喜欢竞争，根本就不需要去鞭策他们。但是当发现孩子并没有表现出"领头羊"的气质，却有成为"跟屁虫"的潜质时，爸爸妈妈应该怎么办呢？

领袖并不是天生的，虽然孩子天生就有竞争的性格因子，但是假如后天不去激发它们，这些潜在的创新因子便不会表现出来。所以智慧的爸爸妈妈懂得如何去引导孩子，激发孩子做事的勇气，引导孩子勇敢地迎接挑战。那么爸爸妈妈需要怎样去引导孩子，才能让他们变得更加具有领导能力呢？

爸爸妈妈要经常给孩子一个积极的肯定。要知道，想要当"头儿"的孩子，一般内心都会很自信，即便意识到自己的能力有所欠缺，但是他们依然觉得自己能够领导好这个集体。所以智慧的爸爸妈妈为了培养孩子的领导能力，会经常用积极肯定的方式增强孩子的自信心。

爸爸妈妈的真诚鼓励，是孩子发掘自身潜力，继而成为整个团队"领头羊"的力量之源。所以，孩子行动起来后，不管最终的结果如何，所取得的成就是大还是小，爸爸妈妈都需要及时给予肯定，支持他们继续拼搏下去。

洋洋的班级球队和别的班级球队比赛，最终输掉了比赛。到家后他将比赛结果告诉爸爸，原本以为爸爸会嘲笑他，说他很笨。但是让洋洋没想到的是，爸爸却微笑着夸奖他："爸爸以前看过你的足球比赛，发现你带球过人的技巧很熟练，假如你能多练习的话，爸爸相信你之后一定能带领球队打败对方。"

听了爸爸的话，洋洋自信心开始爆棚起来，之后练习很用心。果不其然，在下一场比赛中，他的球队真的将对方击败了，而洋洋也因为出色的技术在球队中树立起了"威望"，成为球队的绝对核心。

永远不要关闭孩子探索的大门。作为一个领导者，必定需要具备很强的探索能力，很难想象一个没有丝毫欲望的孩子能够成为一个团体的头儿。所以在发现孩子破坏行为时，爸爸妈妈不要急着去斥责，否则会压制孩子的探索欲望，抹杀他们领导能力的发展。

周末，外面下起大雨。雨停之后，德建便来到小区院子的一个小水洼里测试他刚刚叠好的小纸船。这个时候妈妈也下楼散步，他便跑着将妈妈拉过来，对妈妈说："妈妈，你看我叠的小船能够在大海里航行呢。"

但是妈妈却看到德建身上沾满泥浆，便责备他道："一个小水洼，一个破纸船，有什么好看的。你看衣服上弄得这些泥浆，赶快回家换衣服去，脏死了！"听着妈妈的斥责，刚刚还神采飞扬的德建眼中的欣喜没有了，他看也没看那个小纸船和小水洼，便上楼换衣服去了。

家长应鼓励孩子尽情地表现自己。想成为一个团体的"领头羊"，需要具备的一个最基本的能力便是敢于表现自己，善于表现自己。而孩子的天性当中也存在着表面的因子，所以爸爸妈妈在日常生活中，需要鼓励孩子，让他们明白善于表现才能更加容易走上"领头羊"的位置。

班里要竞选班长，杨飞回家后跟妈妈说起这件事情，言语中有想要参选的意思。妈妈很高兴，便鼓励儿子："这段时间你要积极表现一下，比如老师提问题的时候你要多举手，这样老师对你印象就深刻很多，对你参选班长帮助很大。"

几天之后，杨飞很兴奋地跑回家，告诉妈妈自己当上了班长。原来杨飞的表现被老师看在眼中，觉得他相对于其他同学，能很好地胜任班长的角色，所以便选择了他。

妈妈帮助儿子出主意道："当上班长，你更要积极表现啊，比如给老师提一些建议，建立图书角什么的，怎么让班级的纪律好起来，等等。"杨飞一一采纳，之后表现得更好，主动带领班级同学朗诵课文，参加学校里的辩论赛，不管什么事情都走在别人前面，最终被评为本学期的"三好学生"。

家教心得

有挑战，敢于挑战自身潜能，才能最大限度地激活潜藏在头脑中的创新细胞。所以当孩子能够在生活和学习中敢于做第一个吃螃蟹的人，敢于成为一个团队中的"领头羊"时，其创新意识就会大大地被激发出来，久而久之便会养成良好的创新习惯，掌握高效的创新方法。所以在日常教育中，爸爸妈妈需要引导孩子做"领头羊"，激励孩子接受挑战，不断战胜自己，挖掘创新潜力。

赏识孩子的大胆怀疑，激发孩子的探索精神

有个犹太小女孩，在生物课上听到老师说蚯蚓有很强大的再生能力，即使身体断成两截也能活下来，并且两节躯体还能够分别进行生长，最终成长为两条完整的蚯蚓。听老师说得如此神奇，小女孩的探索欲望变得越发强烈，想要彻底弄个明白。

在一个周末，这个小女孩便从泥土中挖出一条蚯蚓，将之断成两截，放在一个玻璃瓶里养起来。小女孩的妈妈发现后，觉得女儿对老师所讲的科学知识抱有一种怀疑和实践精神，所以才有饲养蚯蚓的举动，这种举动是要鼓励的。妈妈认为，女儿有怀疑精神，就意味着她对事物有自己的独立见解，对某个结论不会轻易认同，也不会轻易附和，这种精神无疑是创新的源泉和动力。

在妈妈的支持和鼓励下，这个犹太小女孩最终印证了老师的话，她饲养在玻璃瓶中的两截蚯蚓最终真的各自变成了独立的蚯蚓个体，让小女孩惊叹不已。

孩子的怀疑精神是难能可贵的，他们的怀疑完全有可能结出创新的果实。

蜜蜂之所以会发出"嗡嗡"的声音，是因为它们的翅膀振动——这个被写入中国小学教材的生物学"常识"，却被一位名叫聂利的12

岁小学生用实验推翻。聂利为此撰写了《蜜蜂并不是靠翅膀振动发声》的论文，荣获全国青少年科技创新大赛银奖和高士其科普专项奖。无数生物科学家没有发现的自然奥秘竟然被一位只有 12 岁的小学生发现，这不得不说是一个奇迹！

其实聂利发现奥秘的过程并不复杂：她先是在偶然间发现一只没有翅膀的小蜜蜂仍然"嗡嗡"叫个不停，便觉得这个现象有些奇怪。后来聂利用放大镜仔细地观察蜜蜂，最终找到蜜蜂发声的真正器官。聂利发现蜜蜂发声器官的过程并不复杂曲折，她之所以能够取得重大发现，最关键的一点还是在于敢于对"定论"提出质疑，向课本代表的权威发起挑战，正是这种怀疑精神造就了聂利的创新意识，让她发现绝大多数人所不能发现的秘密。

很多时候，在孩子的思维中会形成一个个定式：书本上说的都是对的；大人们说的都是正确的；科学家发现的都是真理……正是这些定式阻碍了孩子的怀疑精神，让孩子不敢去怀疑，即使有了怀疑也不敢说出来，更不用说去证明自己的怀疑。所以家长在家庭教育中要引导孩子正确地认识各种权威，让孩子懂得权威也是人，是人就会有犯错误的时候，所以权威并不意味着永远正确。这样一来，孩子在面对所谓的权威时，就会更有勇气去怀疑，更敢于在怀疑的基础上去探索和实践。

正所谓好奇产生兴趣，兴趣激发探索。当孩子对某一事物或者某件事情产生怀疑后，爸爸妈妈要立即表示出支持意愿，鼓励孩子查找资料，了解更多相关内容。有些家长会觉得孩子好奇心多了会很调皮，甚至会产生一些安全上的担心，比如会将家里的玩具拆了，爬树，摆弄电源，等等，因此会有意识地抑制孩子的好奇心，孩子刚刚表现出一些好奇之际就呵斥孩子，制止孩子的探索行为。其实这种做法无异于扼杀孩子的创新能力，要知道好奇是创新的萌芽，假如孩子的好奇心没有了，那么很难想象孩子会在今后的成长道路上具备强大的创新能力。

赏识和鼓励孩子的怀疑精神。犹太家长认为，怀疑才能产生真理，他们在教育孩子时，会为孩子灌输"不唯上，不唯书，只唯实"的怀疑精神，告诉孩子不要轻信别人的结论，要勇敢地去实践，在怀疑中发现事物的本质。所以在日常家庭教育中，家长要引导孩子去怀疑、去验证，比如当孩子对事物产生疑问的时候，爸爸妈妈可以和孩子一起做一些小实验或者去野外实地考察一下，和孩子一起探索真正的答案。这样一来，孩子的怀疑精神自然就会转化为创新的动力，让孩子在前进的道路上创造更多的奇迹。

家 教 心 得

创新的前提就是怀疑，有怀疑孩子才会集中注意力去探索。在这个过程中，爸爸妈妈要及时地加以引导和赞扬，肯定孩子的怀疑精神，赞扬他们的探索行为，鼓励孩子勇敢地去创新。这样孩子才会摆脱旧有的思维束缚，打开创新的大门。

要鱼不如学会打鱼

犹太父母在孩子的创新教育中特别注重孩子独立性的培养，他们认为，虽然从表面上看，独立自主和创新能力之间并没有什么丝毫的联系，但实际上，孩子只有学会独立面对，自主选择，他们才能在此基础上萌生创新意识，进行相应的创新活动。很难想象一个做事动辄依赖别人的孩子能够具备什么创新意识，能发展出强大的创新能力。

犹太父母认为，对于一件事情，自己会做和不会做是有着很大区别的——自己会做才会有改进做事的意愿和潜力，有创新的基础，而不会做则意味着什么都要依赖别人，那么对创新自然没有任何意愿和能力。

在一个渔村中，有一个特别会捕鱼的渔夫，每次出海捕鱼都能满载而归，村子里的人都夸奖他是一个捕鱼天才。因为他会捕鱼，人又很随和，所以村里的孩子们都喜欢他，很多孩子都提出了自己的请求："大叔，你能帮我抓一条鱼吗？""大叔，我想要一对漂亮的贝壳。"

这位渔夫很有耐心，一一满足了孩子们的要求。但是只有一个孩子没有让他帮自己捕鱼，渔夫走到那个孩子面前，很随和地问道：

"你想要什么呢？告诉我，下次出海的时候我帮你抓。"

"大叔，我不用您帮我抓鱼，您能不能教我怎么抓鱼？"那个孩子说道。

渔夫很惊讶，随即便高兴起来，在之后的日子里便开始手把手地教那个男孩如何捕鱼。其他孩子都很不理解，觉得能从渔夫那里得到鱼就好，干吗还要受苦学习捕鱼呢？不过，那个男孩子并没有理会这些声音，他日复一日地跟随在渔夫身边，刻苦地学习捕鱼技巧。

后来那个渔夫离开渔村，去了一个遥远的城市，这样一来，村里的孩子便再也得不到鱼了。只有先前那个一直跟随渔夫学习捕鱼的男孩，随时都可以捕到鱼，而且还改良了原来渔夫的捕鱼方法，极大地提升了捕鱼效率。其他孩子这个时候才开始后悔："早知道这样，当初就不应该要鱼而是跟着大叔学习捕鱼才对。"

由此可见，帮助孩子学会独立是家庭教育中最紧要的任务。不管做什么事情，家长都需要鼓励孩子尽力去做，开动脑筋自己想办法。如此，孩子才会具备创新的基础，才会更乐于去创新。

想让孩子学会独立，立志创新，父母在家庭教育中就要讲究方法，用心培育。

很多父母尽管希望培养孩子的创新意识，但是却处处不放心孩子，害怕孩子"不会""做不好""太难"，继而对孩子的事情大包大揽，表面上是帮助孩子，实际上则在阻碍孩子创新能力的发展。很多爸爸妈妈心中会存在一种担忧情绪，他们害怕自己的孩子吃苦受累，甚至遭受到某些伤害，这种情绪传染给孩子，便会在孩子的头脑中营造出一种做事情"非常难"的印象，让孩子更加不敢去做事，也就谈不上什么创新能力的发展。

更重要的是，家长在大包大揽的时候，会无意识地向孩子传递这样一种信息——我不信任你的能力。这样一来，孩子的自信心就会受到影响，时间久了，就不敢去探索，其创新意识势必也会被扼杀掉。所以家长在家庭教育中要有放手意识，让孩子独自做事情，单独处理问题。这样孩子才会在做事情的过程中体验到"胜任感"和"掌握感"，有了这样的体验和感受，孩子才会真正感受到自身的力量，对自己建立起信心，继而萌生出创新意识。

爸爸妈妈应允许孩子在思想上做尝试，以便形成自己独立创新的信念，就算爸爸妈妈的想法和孩子的截然不同，也要让孩子将自己的想法表达出来，允许孩子坚持自己的选择。在没有安全风险的前提下，家长可以允许孩子错误地选择和实践自己的想法，在这个过程中，家长可以表达自己的看法，引导孩子进行思考，假如孩子发现了自身的错误，那么对其创新思维必将有着很大的启蒙意义；假如孩子的想法是正确的，那么家长不妨多加鼓励，用欣赏的眼光去肯定孩子的想法，这样既有利于孩子逐渐学会正确的判断，又能够让孩子更主动地表达自己的想法，进行相应的创新活动。

爸爸妈妈需要让孩子明白的一点是，成长不仅意味着拥有更大的自由空间，也意味着需要承担更大的责任。很多时候，一些事情尽管不想去做，但又必须去做，这就是所谓的责任。爸爸妈妈可以先从家里开始，分配给孩子一些事情做，让孩子先学会如何照顾好自己，在这个过程中逐渐引导孩子去承担责任。比如一家人去旅游，爸爸妈妈可以让孩子去买票，寻找公交站点，这些都能够培养孩子的独立做事意识，让孩子勇于承担责任。在孩子做好事情后，爸爸妈妈要及时给予表扬，给孩子一种"光荣感"，这样才会让孩子在今后的时间里更乐于承担责任。

家 教 心 得

　　独立的孩子才敢于做事，乐于做事，并能够在做事的过程中积极思考，培养出创新能力。假如孩子做什么事情都依赖别人，那么时间久了，孩子的心中就会渐渐积累起惰性，不仅做不好事情，而且还会逐渐丧失创新的意愿和能力。所以想要提升孩子的创新能力，家长就必须从培养孩子的独立能力做起。

苹果里面有颗星星

犹太教育学家认为创新能力是孩子最重要、最有价值的一种能力，一个孩子长大之后能够取得多大的成就，最关键的一点就在于他的创新能力如何。犹太民族之所以能够屹立于世界民族之林而不倒，最重要的一点就在于他们始终将创新能力的培养放在第一位，正是这种自小培养孩子创新能力的教育，使得整个犹太民族富有创新精神，在世界各行各业中大放异彩，取得了瞩目的成绩。

所以家长应该重视孩子的创新教育，要知道家庭是孩子的第一所学校，家长是孩子的第一任老师，而且家长和孩子相处的时间最长，这些都使得家长在孩子的创新能力培养中具备得天独厚的条件。

在培养孩子创新能力的过程中，家长要特别注意保护和发展孩子的想象力，善待孩子的质疑。丰富的想象力是孩子创新的前提，是孩子前进道路上的翅膀，是孕育探索未知世界的摇篮。家长应该注意保护和满足孩子的好奇心和求知欲，妥善地解决孩子心中的疑问，并且在孩子质疑的基础上捕捉他们思维上的"灵感"和"智慧之光"，及时给予肯定和鼓励，激发孩子更加强烈的探索欲望。

索菲亚放学回家，很神秘地对妈妈说道："我有一个重大的发现。"妈妈问道："是吗，你有什么发现呢？说来听听。"索菲亚便拿出一把小刀，然后又取出一个苹果，郑重地向妈妈展示她的发现——她用力地切开苹果，但并不是从顶部到底部那样竖着切下去，而是横向拦腰切了下去。

索菲亚将切开的苹果放在妈妈面前，说："妈妈，我要让你看看苹果里面有什么东西。"

"我很清楚苹果里面有什么。"妈妈说道。

索菲亚将苹果拿起来，递到妈妈眼前："妈妈，你看啊，里面有颗星星呢！"

妈妈低头仔细观察，从横切面看，苹果核显示出一个清晰的五角星形状，原来里面真的有一颗星星。

妈妈立刻意识到这个发现包含着索菲亚的创新意识，因为人们在切苹果的时候，习惯规规矩矩地按照正确的切法将苹果切成两半，但是很少有人横着切开，还发现里面隐藏的图案。所以妈妈立即赞扬索菲亚："哎呀，宝贝，你的这个发现太有意思了，真棒！"听了妈妈的夸奖，索菲亚高兴极了。

创新能力对个人的学习和发展影响巨大，是最有价值的一种能力。一个孩子将来能够取得多大的成就，关键就在于他的创新能力如何。那么在家庭教育中，家长如何培养孩子的创新能力呢？

对孩子而言，宽松愉悦的家庭氛围能够让他们尽情地释放想象力，大胆地去实践自己的想法，这样孩子的创新能力自然也就很容易萌芽、发展。不管家庭成员数量多少，在年龄上的差异如何，孩子和家庭中其他成员间的关系应该是平等的、民主的、自由的，而不是压抑的、紧张的，甚至是恐怖的。不能一切都要服从家长，而孩子却没有任何发言权。当然，也不能是家庭中所有的成员都围绕着孩子转，孩子怎么说家长就怎么办，孩子想做什么家长就无条件同意。这两种情况都不利于孩子创新能力的培养，家庭氛围宽松愉悦，有事情大家坐在一起，各抒己见，谁的主意好就采用谁的。在这样的家庭氛围中，孩子才会逐渐树立起创新意识和创新精神，积极开动脑筋想办法，主动解决问题。

鼓励孩子多接触新事物，增长知识。知识是一切能力的基础，对孩子而言，假如头脑中没有知识储备，对外面的世界一点儿也不了解，对周围的事物一点也不熟悉，那么即使孩子智商再高，也不会拥有太高的创新能力。所以家长应该鼓励孩子多接触新事物，学习新知识，孩子接触的新事物越多，储备的知识越丰富，那么其想象的空间就会变得越宽广，就越有可能触发灵感，让孩子产生新的想法，让孩子大胆进行探索性玩耍。对孩子而言，玩耍是天性使然，不会玩耍的孩子也不会是多么聪明的孩子。爸爸妈妈可以和孩子尝试不同的玩法，玩出新奇的花样，那么在这个过程中孩子的创新能力就会被极大地释放出来。总之，对孩子而言，不是不能玩耍，而是要新奇地玩，玩出灵感，玩出创意。

此外，家长要重视孩子动手能力的培养，比如和孩子一起做课外实践，这些实践对孩子的创新能力会有很大的促进作用；支持孩子参加一些课外兴趣小组的活动，挖掘孩子的兴趣，鼓励孩子发展特长，引导孩子在兴趣的基础上进行相应的创新性探索。

犹太人正面管教：
如何培养孩子的社会能力

 **家 教 心 得**

　　创新能力的培养是一个系统性的工程，需要家长构建和谐民主的家庭氛围，引导孩子的兴趣爱好，积极动手动脑进行实践。家长要意识到创新能力对孩子人生发展的重要性，让孩子尽早接受创新启蒙，引导孩子敢于创新、乐于创新。

第六章
犹太人要放大自己的朋友圈

　　犹太民族之所以能够经受住无数灾难的洗礼而不倒，始终屹立于世界民族之林，和犹太人强大的社交能力有很密切的关系。犹太人的朋友遍天下，当身边的人需要帮助时，他们往往能够及时地伸出援手。这样一来，当犹太人遇到困难时，世界各地的人都会帮助他们。犹太人放大了自己的朋友圈，同时也在一定意义上增强了自身的实力。

认真倾听别人的诉说

犹太人在人际交往中善于倾听，乐于倾听。犹太人认为，倾听一个人的心声，代表的是一种善意、一种尊敬，当一个人认真倾听对方的话语时，就会在别人的心目中留下好感，更容易获得别人的信任。正是凭借着这一点，犹太人才能朋友遍天下，不断地扩大自己的朋友圈。

尤里斯是个不怎么懂得倾听别人讲话的犹太小男孩，别人说话的时候，他总是显得有些心不在焉，就好像对别人的话语一点也不感兴趣。为此妈妈非常头疼，觉得这样发展下去，对尤里斯的成长是非常不利的。妈妈思索良久，觉得很有必要找一个机会，让尤里斯了解倾听的重要性，改掉不懂得倾听的坏习惯。

有一天，家中来了客人。客人非常喜欢尤里斯，总是问他问题，但是尤里斯却不注意倾听，他一会儿把电视打开，看动画片，一会儿又抱起家里的小猫，将小猫惹得"喵喵"叫。在爸爸妈妈和客人说话的时候，他还不时地去插嘴，爸爸妈妈看在眼中，气在心里，一个劲地对尤里斯使眼色，暗示他安静下来，但是统统都被尤里斯无视。

客人走后，妈妈把尤里斯叫到身边。尤里斯以为妈妈这次还会像以前那样狠狠地说他一顿，但是让他没想到的是，这次妈妈的脸没有像以前那样板起来，而是微笑着夸奖他道："宝贝，刚才来咱们家做客的那个叔叔走的时候还夸奖你呢，说你今天表现得非常率真活泼，而且有段时间能认真地听他说话。那个叔叔让我转告你，他要感谢你能认真地听他讲话。"

听妈妈这样说，尤里斯的脸一下子就红了起来，因为他对自己的表现很清楚，刚才那位叔叔跟他说话的时候，他可是一点也没认真听呢，连叔叔对他说的什么话都没听清楚。所以听妈妈说那个叔叔夸奖他的时候，尤里斯心里还是非常高兴的，让他一下子对倾听有了兴趣。在接下来的日子里，妈妈一直都在夸奖尤里斯，经常对他说一些"宝贝，刚刚你听得真仔细，这可是对别人尊重的一种表现啊""宝贝，你学得真好，妈妈觉得大家越来越喜欢你了""这么微小的区别你都能听出来，你听得可真仔细呢""儿子，刚才你听到了妈妈没听到的东西，真是帮妈妈大忙了"……就这样，尤里斯慢慢学会了倾听，身边的人也越来越喜欢他。

很多爸爸妈妈苦恼地发现，很多时候孩子的"听力"似乎不好了，他们总是"听不到"爸爸妈妈的话，对别人的问题毫无反应。其实孩子之所以变成这样，归根结底还是因为他们缺少一种倾听的精神。而倾听精神的缺失，会让孩子习惯性地忽略别人的话语，在别人心目中会留下一种坏印象。

在人与人的交往过程中，倾听别人的话语是一种尊重的表现。善于倾听的人总是能够迅速地获得对方的好感，拉近彼此心灵间的距离。心理学家的研究也证明了倾听在人际交往中的重要性，越是善于倾听的人，和别人间的关系就越融洽，因为倾听本身就是一种对别人谈话的重视和肯定，等于告诉对方你是一个"非常值得我放弃其他事情听你说话的人"。

再淘气的孩子也有安稳的时候，再不懂得倾听的孩子也有能耐心倾听的那一瞬间。爸爸妈妈要善于引导孩子，善于发现他们认真倾听的那一刻，抓住机会及时地表扬孩子。这样的话，久而久之，孩子就会养成倾听的习惯。

很多孩子在倾听别人说话的时候往往心不在焉，不是摆弄东西就是左顾右盼，要不就是走来走去，抑或打断别人的话语，这些都是没有倾听的表现，会让孩子在别人心中留下一个比较坏的印象。

爸爸妈妈首先要向孩子强调：不懂得倾听别人，就是不尊重别人。其次，爸爸妈妈需要采取一些措施引导孩子，让他们懂得怎么去倾听。

爸爸妈妈要给孩子树立一个善于倾听的榜样。假如爸爸妈妈对孩子的话都不善于倾听，甚至用一种冷漠或者敷衍的心态对待孩子，那么次数多了，孩子自然有样学样，对爸爸妈妈的话也会采用相同的态度。假如在孩子说话的时候，爸爸妈妈能够放低姿态，认真地去倾听，那么孩子自然会感受到关爱和尊重，在心目中也就更加认可倾听精神，在人际交往过程中积极主动地去倾听。

爸爸妈妈要知道的一点是，孩子不会倾听是对别人的一种轻视，家长不倾听孩子的心声同样也是一种不尊重孩子的表现。心理学研究告诉我们，只有倾听孩子的心声，树立倾听的榜样，家长才会真正走进孩子的内心世界，才能培养孩子的倾听习惯。

家 教 心 得

　　家庭生活中，不管孩子提出什么样的问题，爸爸妈妈都要挤出时间认真地倾听一下，而不是说"等我有时间了再说"，蹲下来立即倾听孩子的话语，不仅可以拉近和孩子之间的心灵距离，而且还是一种榜样，有助于培养孩子的倾听习惯。

和小伙伴一起完成一项任务

　　犹太家庭教育除了重视培养孩子真诚助人的品德之外，还特别重视对孩子团队意识的培养。犹太人认为，一个人即使能力再强，想要成功做成某件事情，快速地实现目标，也离不开团队的配合。更为重要的是，孩子在团队合作中，会在和团队中其他孩子的互动、协作、配合的过程中，产生深厚的友谊。特别是当孩子们在一起为了一个共同的目标奋斗时，彼此间生出的情谊会非常深厚。

　　现代社会尽管到处充满了激烈的竞争，却又需要人们进行广泛的多方面的合作。乍一看，这两点似乎存在着矛盾，但是仔细分析，其实不然。假如一个人缺乏和周围人合作的意愿和能力，那么这个人的生活和事业就会步履维艰。所以犹太人的团队教育是非常有远见的，很值得中国家长在家庭教育中实践。父母可以在培养孩子交际能力的时候，帮助孩子尽早树立起团队合作意识，让孩子意识到团队合作的重要性，让孩子在团队合作中交到知心朋友。

　　读小学四年级的文文是个不折不扣的"独行侠"，喜欢自己一个人做事。妈妈之前跟他说过几次，要学会和别的小朋友合作，一起做事情，一个人的力量必定有限，大家一起做事情成功的机会才会增大，而且还可以在和小伙伴合作的过程中交到知心朋友。可是文文似乎将妈妈的话当成了耳旁风，他总是说："我自己就会做，为什么还要和他一起做事情。"妈妈为此头疼不已，打算找个机会让文文意识到团队合作的重要性。

文文就读的小学是一所寄宿制学校，一个周末，文文语气非常坚决地对妈妈说："我不想住在学校了。"妈妈很吃惊，急忙说道："但是学校是寄宿制的啊，不允许学生每天回家住。"文文很坚决地说："那我就去别的学校。"妈妈一下子紧张起来，急切地问道："儿子，总要有个原因吧。"文文面对妈妈的追问，一脸的不耐烦："我不适应，行了吧。"

妈妈吃了"闭门羹"，于是跑到学校了解情况。班主任老师听文文妈妈说明来意之后，便告诉文文妈妈："文文学习不错，就是有些争强好胜，什么事情都喜欢争第一。这原本没错，但是什么都争，不懂得和别人合作，时间久了就不太合群，慢慢就被别的小朋友孤立了。比如之前班里推荐文文和另外一个女生去参加年级的数学比赛，两个人合作得很好，获得了第二名，因为是一个小组，奖状只有一张，两个人各不相让，都想将奖状据为己有，文文还说他们之所以能得奖，全是他一个人的功劳。最终文文竟然一下子将奖状给撕掉了，说谁也别想得到。"妈妈觉得这不是小事情，不懂得和别人合作，总自以为是，什么事情先想着自己，今后又怎么能取得更大的成就，和别人更好地相处呢？

回家后妈妈来到文文的房间，和他谈起了心。妈妈说："宝贝，今天妈妈去学校见老师了，老师说你的表现一直都非常好，要是懂得和其他同学合作的话，大家一定会更加喜欢你的。"文文高兴地问妈妈："老师真的是这么说的吗？我一直以为大家不喜欢我呢！""真的，儿子。但是你要学会和别人合作。比如上次撕奖状的事情，你想一想，假如不是你和那个女同学一起参加比赛，你一个人再厉害，也不可能拿到奖状，对吧？"文文想了想，很认真地说："对，我以后一定学会和别人合作，让大家都喜欢我，和大家一起进步！"

要知道随着人类的进步，社会化的大生产会成为人类社会的最终形式而存在，个人奋斗的时代已经过去，再优秀的人也要学会和别人合作才能有所成就。所以，从小培养孩子的合作意识是非常必要的，既能帮助孩子形成和别人一起完成任务的能力，又能让孩子学会和别人如何相处，丰富自己的人脉，结交到更多的朋友。

那么家长在家庭教育中应该如何做，才能更好地培养孩子的团队合作精神呢？

在家庭生活中培养孩子的团队合作意识。孩子真正融入的第一个团体其实就是家庭，尽管这个团体和孩子面对的其他团体不尽相同，但是却是他们接触时间最长、融入最深刻的团体。所以爸爸妈妈想要培养孩子的合作精神，从家庭做起，效果会更好。

想要在家庭中培养孩子的合作精神，最有效的一种方法就是明确各自的职责，然后一起合作做事。假如孩子因为不肯合作而没有做好自己的那份工作，导致整个计划无法完美实施，那么他才会意识到合作的重要性。

周末，任伟和爸爸妈妈去爬山春游。出行的前一天，爸爸妈妈和任伟坐在一起商量准备工作：妈妈负责去超市买食品，爸爸准备烧烤的炉子，任伟则负责餐具和调料。爸爸提醒任伟，要他请教一下妈妈，让妈妈给他列一张单子，但是任伟却很自信地说："这么简单的事情我自己就能搞定，不需要妈妈的帮助。"

爸爸并不怎么相信任伟能准备齐全，想自己准备，但是转念一想，觉得这正是一个让儿子体会合作精神的绝好机会，于是便忙自己的事情去了，没有再插手任伟的准备工作。

第二天，一家人开开心心出发，野炊开始的时候，妈妈问："伟伟，食盐在什么地方？"任伟将袋子翻了个底朝天，最终也没找到。无奈，大家只能吃没有滋味的烤肉，尽管爸爸妈妈没有说什么，但是任伟却羞愧地低下头，心想，昨天怎么没问问妈妈，和妈妈一起准备呢，要是那样，今天就不会这么丢人了。

让孩子多参加一些团体性运动。聪明的家长为了培养孩子的合作精神，往往会鼓励孩子参加一些集体性的运动，比如篮球、足球、排球等，在这些运动中，孩子能切身体会到和队友之间默契合作所带来的愉悦感和成就感。

儿子很迷信自己的能力，经常跟妈妈说："我什么都行！"妈妈为了培养儿子的合作能力，让他认识更多的朋友，便对他说："儿子，你不是喜欢打篮球和踢足球吗，这些运动都需要合作才能赢的，一个人能力再大，没有合作精神，没有人给他传球，他也不可能有什么成就。"儿子虽然并不怎么理解妈妈所说的合作，但是听到鼓励自己去运动，就很高兴地接受了妈妈的建议。而妈妈也高兴地发现，在之后的日子中，儿子慢慢变得喜欢和别人合作了。

让孩子意识到别人身上不仅存在缺点，也有优点。当孩子说"他什么也做不好"的时候，父母应该这样告诉孩子："你要知道人有优点也有缺点，所以不应该看不起别人，要学会真正地接纳别人。"其实从本质上看，合作是两个人取长补短的过程，这个过程中，孩子学会接纳别人、欣赏别人是非常重要的。所以只有真心地接纳一个人，认识到这个人的长处，才能真心、主动地合作。

当孩子说"和他们在一起没意思"，不愿意和身边的小朋友一起做某件事情的时候，妈妈应该这样对孩子说："儿子，一个人做事多单调多无趣呀，哪像几个人一起做事情，既能相互帮助，又能彼此说话玩笑，这样的话一定会很快乐的。"

爸爸妈妈应该注重培养孩子在合作中感受快乐的能力，当孩子在和别的同伴合作的过程中体会到合作的快乐后，会产生继续合作的需求，从而在之后的日子里积极地参与到合作中去。比如当孩子参与到合作中的时候，爸爸妈妈可以拿出准备好的照相机拍下孩子和伙伴最快乐的瞬间以及合作的"成果"，如此会给孩子带来更大的快乐。

家 教 心 得

培养孩子的团队精神，其实就是提前培养孩子融入社会的能力，当孩子能够顺利地融入一个团体中，适应自己在团队中所扮演的角色时，就意味着其有了相应的社会适应能力，能够通过和别人的交往更好地达到目标。所以，家长有必要在日常教育中培养孩子的团队合作能力，让孩子更好地融入团队中去。

主动认识陌生的同学

犹太人的朋友遍天下，犹太人的足迹留四海，正是因为这种广泛的人际交往，犹太人在全球各地都拥有巨大的影响力。犹太人认为，一个人强大起来的方法有两种：一种是尽可能地充实自身，让自己能力出众，在个体上强大起来；另一种则是尽可能地壮大自身的"朋友圈"，和强大的人成为朋友，借助强大的朋友间接地让自身强大起来。结交朋友，除了要和身边的人进行互动之外，还需要同陌生人进行沟通，通过一个由陌生到熟悉的过程，将原本的陌生人变为自己的朋友。

正是意识到这一点，犹太人在家庭教育中非常注重孩子同陌生人打交道的意识和能力，力求让孩子在面对陌生人时更加积极主动，能够快速地和陌生人建立起情感纽带，结交更多的朋友。

在中国，很多父母在孩子小的时候，就习惯幻想孩子未来的成就，总是想象孩子长大之后能够有自己的事业，能够快速地实现人生价值。这些父母希望自己的孩子成为商场上妙口生花的谈判高手，抑或叱咤风云的企业家、令人尊敬的政治家……希望很美好，但是想要梦想成真，出色的社交能力是必不可少的，尤其是在面对陌生人的时候，需要迅速地打开对方的心门，拉近彼此间的距离，才能沟通好，最终实现设定的目标。

但遗憾的是，很多孩子的实际表现却让父母眉头紧锁：他们习惯性地以自我为中心，不懂得和周围的小朋友相处，攻击性很强……所以他们很不习惯跟陌生人说话，和别人相处也很困难，这样的孩子又怎么能够成长为社会的栋梁呢？

泰斯是个很调皮的男孩，但是让妈妈头痛的是，他总是一个人玩，很少和同龄小朋友们玩耍。妈妈跟泰斯说过好几次，要他多和其他小朋友一起玩，鼓励他邀请别人来家里做客，但是泰斯却没能听到心里去，还是一如既往地自己玩。

有一天，泰斯放学回家，神神秘秘地跑到妈妈面前，说道："妈妈，今天下午我们班里来了一个小男孩，个头和我差不多，我想和他交朋友。"妈妈很高兴，觉得这是个引导泰斯和陌生人接触的好机会。妈妈蹲下来，抚摸着泰斯的头说："好啊，咱们犹太人是最喜欢交朋友的，妈妈支持你！那位同学刚刚转学，你们之间一点了解也没有，你想和他交朋友，你打算怎么做呢？"泰斯一下子愣住了，他之前虽然热情高涨，但是却没想过这个问题，听了妈妈的询问后，以往的淘气劲头全都没有了。

妈妈见时机成熟，拉着泰斯坐在椅子上，郑重地说道："其实和陌生人交朋友并不难，只要你肯主动出击，打开话题，就等于成功了一半。"看着泰斯有些不明白的样子，妈妈接着说："宝贝，妈妈给你讲一个故事吧，你认真地听完，一定会知道怎么跟那个新来的同学交朋友的。"泰斯很兴奋，催促妈妈赶快讲。妈妈便讲了一个小故事："从前，有个小男孩在草地上玩耍，看见一只非常漂亮的蝴蝶被花旁边的尖刺弄伤了翅膀，于是他便小心翼翼地将蝴蝶的翅膀从尖

刺上拔下来，将蝴蝶放归大自然。后来那只蝴蝶为了报恩变成一个仙女，对小男孩道：'你许个愿望，我就能让它成真。'

"小男孩想了想，说：'我希望有很多的朋友。'那个仙女在小男孩耳边悄悄地说了几句话，就消失不见了。之后小男孩果真有很多朋友，并愉快地度过了一生。有人问他有这么多朋友的原因，他只是笑着说：'仙女告诉我，要想有很多朋友，你就主动去关怀他们。'"

泰斯听了之后立刻兴奋起来，大声说道："我明白了！"第二天，泰斯在课间拿着自己最喜欢看的一本动漫书走到那位转来的同学身边，用很真诚的话语说："我看你比较无聊，我这里有一本漫画书，不知道你喜不喜欢看？"就这样，泰斯和那位同学聊起漫画，没过多久便和新来的同学熟悉起来，慢慢成了好朋友。

卡耐基曾经说过这样一句话："一个成功者，专业知识所起到的作用只占15%，而交际能力却能占到85%。"由此可见，人际关系的和谐与否，人脉的丰厚与否，交往能力的强弱，是影响一个孩子成功实现人生价值的决定因素。

基于此，爸爸妈妈要鼓励孩子推销自己。当孩子不善于表现自己，总是说"我不想……"之类的话时，父母应该这样告诉孩子："宝贝，不喜欢表现自己怎么行，你要学会把自己'推销'给别的小朋友，让叔叔阿姨认识你，这样大家才会喜欢你。"

爸爸妈妈在日常生活中要多鼓励孩子采取友好的方式对待陌生的同学，主动向同学表示善意。比如爸爸妈妈可以这样说："孩子，假如你想认识一个人的话，就要和他谈论一些他感兴趣的话题，向对方分享自己的兴趣爱好，说一些经历过的趣事，讲一些印象深刻的故事，询问一下对方的需求，这些友善待人的方式会让你迅速交到朋友。"

上小学三年级的东东非常活泼，有一天，班里来了一位新同学，在课间活动的时候，东东走到那位同学身边，微笑地说："你好，我叫东东，你是从什么学校转过来的？"

就这样，东东和新同学你一言我一语地聊了起来，没过多久，两个人就成了好朋友，相约下午放学后一起打篮球。

懂得友好待人的孩子是自信的，也是睿智的，他们能够主动认识陌生的同学，关心他们，让对方感受到自己的一片热忱之心。这种友好是一种人际交往的姿态，能够让对方乐于回应，放下最初的警惕和矜持。

鼓励孩子邀请同学来家中做客。爸爸妈妈可以多鼓励孩子邀请同学来家里做客，并且让孩子当主人，负责全部的接待事项，这样能够增加孩子和同学之间的亲密度，特别是和新同学之间的信任关系。

学校这周在搞"一日营"活动，智智回家之后跟妈妈说起后，妈妈非常支持他积极参加，周末带其他同学来家里做客。但是智智觉得和其他同学关系不怎么熟悉，带来家里自己会感觉很尴尬。

妈妈引导他道："正因为你和别的同学关系不熟悉，你才要多带同学来家里做客啊。这样一来二去，你就会交到朋友了。"听妈妈这么说，智智周末便邀请了七八个同学来家里做客，他亲自招待，大家在一起学习，一起玩耍，一起吃饭，彼此变得更加熟悉起来。

鼓励孩子带同学来家中做客，爸爸妈妈必须将招待的主导权留给孩子，而不是越俎代庖，横插一刀，坐在孩子们中间问东问西。孩子亲自招待，才能最大限度地和同学产生互动、产生交集。彼此间的友谊才会越来越牢固。

家教心得

很多家长想当然地认为孩子"怕生"并没有什么大不了的，等到他们长大后自然而然地就会改变。其实这种想法是很危险的，假如孩子"怕生"的心理得不到及时纠正，那么孩子就不会主动同陌生人打交道，甚至刻意避免同陌生人进行互动，久而久之，孩子的人际交往能力就会出现缺失，对孩子今后的成长造成消极影响。所以父母在家庭教育中要引导孩子多和陌生人互动，培养孩子同陌生人沟通的能力。

委婉地向别人提意见

委婉是犹太人在人际交往过程中表现出来的一个亮点，他们的话语总是那么温柔，让人听了如沐春风，内心中洋溢着舒畅、愉悦之情。犹太人即使在纠正别人的错误时，也是那么富有"艺术性"，委婉的表达让被纠正者感受不到丝毫的尴尬和不敬。

所以在犹太家庭教育中，父母很注重培养孩子委婉表达的能力，这样孩子在同别人交往过程中才能尽可能地避免对立，让彼此间的关系更加顺畅。犹太父母认为只有从孩童时期进行培养，委婉才会沉淀进孩子的血液中，让孩子在今后的人生之路上能够更快速地走进别人的内心，结交到尽可能多的朋友。

在中国，很多家长都会有这样的苦恼：孩子说话很"直接"，有时候让人听了很尴尬，找不到台阶下，甚至会深深地伤害到别人的自尊。其实孩子这样说话，大多时候并不是有意为之，而是一种不经过思考的本能——孩子因为年龄小，社会经验不足，还不曾懂得怎么去组织自己的语言，更很少站在对方的角度想问题，顾忌对方的"面子"。

所以爸爸妈妈在家庭教育中，要尽早引导孩子去体谅对方的内心，让孩子意识到每个人都是自尊的个体，都需要"面子"。想要在人际交往中得到对方的认可，结交到更多的朋友，就必须学会委婉说话。

聪聪今年 10 岁，学习成绩很好，在学校，是老师赞扬的对象；在家里，是来家做客的叔叔阿姨们眼中有"出息"的孩子。过多的赞扬让聪聪慢慢地变得有些傲慢起来，有时候也会觉得自己很了不起，说出一些傲慢伤人的话。妈妈看在眼中，觉得这样下去的话，会影响聪聪今后的成长，所以总想找个机会跟他畅谈一下，把傲慢的危害性跟他说清楚。

有一天，奶奶带着聪聪在楼下玩，因为聪聪的英文一向不错，所以奶奶总是喜欢在别的长辈面前说："我这个小孙子英语说得很好，可以说英语给你们听。"奶奶开始说中文，让聪聪说对应的英文。聪聪回答了奶奶几个提问，突然问奶奶："奶奶，你说下书本的英文单词是什么？"奶奶说："我又没学过英语，我怎么会知道呢？"结果聪聪就说："奶奶，你怎么这么白痴呢，连这么简单的单词都不知道！"

正好妈妈下班回家，听到了祖孙间的对话，对聪聪最后那句傲慢无礼的话非常生气。她把聪聪带回家，坐在沙发上，对他说："刚刚你在楼下怎么说奶奶呢？是不是学会几个英语单词，就觉得自己很了不起，觉得自己是这个世界上英语最厉害的人，要不要跟妈妈比试一下？"聪聪不服气地说："奶奶什么也不会。""那也不能那么说奶奶，很没礼貌！"

听了妈妈的话，先前还有些不服气的聪聪态度软化了下来，妈妈知道他认识到了自己的错误，所以语气也没有先前那么严厉。妈妈说："宝贝，你要记住，以后不管学会什么，取得多大的成绩，都要谦虚，有礼貌，这样周围的人才喜欢你。假如学到一点儿的东西就把尾巴翘上天，傲慢地觉得自己什么都行，那谁还愿意和你一起玩呢？大人也不会喜欢你。你想一想，妈妈说的话对不对？"聪聪点着头轻轻地说："对，我以后再也不会那样说奶奶，也不会说别人。"妈妈温和地夸奖道："对，这才是个懂事的小男子汉哦！"

从那次对话之后，妈妈发现聪聪真的慢慢在改变，说话的语气不再傲慢无礼，这样的变化让妈妈觉得非常欣喜。

直接而又傲慢的话很伤人，很多时候，委婉曲折的话才能化解彼此间的矛盾，将自己的内心情感更好地传递给周围的人。假如一味傲慢无礼，说话直来直去，那么即使孩子再有才华，也不会交到什么知心朋友。

孩子之所以有时候说话简单粗暴，是因为他们习惯站在自己的立场上想问题，只要自己的要求得不到满足，就可能会暴怒，觉得别人敷衍自己，轻视自己。其实很多时候，别人也有自己的事情要做，有自己的难处，所以家长要引导孩子站在别人的角度想一想，体谅一下别人的感受。养成这样的习惯，孩子在说话的时候才能想到别人的感受，在语气上尽可能的委婉。

周末，涛涛和爸爸妈妈一起出去玩了一整天，大家都很累，但是涛涛却缠着妈妈下楼给他买冰激凌吃。累得只想坐在沙发上好好休息的妈妈说道："乖儿子，你已经10岁了，在妈妈眼中已经是一个小男子汉了，自己下楼去买好不好？"

涛涛一听就不乐意了，对妈妈嚷嚷道："你怎么这么懒，我很累，走不动，你必须要去买！"妈妈很平静地说："妈妈知道你很想吃冰激凌，但是妈妈也很累啊，很想好好休息一下，妈妈没办法下楼给你买冰激凌。"

涛涛看着一脸倦容的妈妈，想了想，语气变得委婉温柔起来，说："对啊，妈妈玩了一天也和我一样累了，走不动路，那妈妈就好好休息一下吧。"

很多时候，只要孩子一有要求，家长总是想尽办法满足他们的需求，殊不知，这样只能让孩子愈加蛮横，将自己当成"皇帝"，说话自然也就不够委婉曲折。

想要孩子说话委婉，体谅人，爸爸妈妈要将他们当成家中的正式一员。家庭中的每一个成员都要肩负起自己的责任，孩子也不例外，需要奉献自己的一份力量，不能因为觉得他们年龄小就忽视他们的存在，什么事情都替他们包办。让孩子参与到具体的家庭事务中，孩子才能深刻地体会到爸爸妈妈的辛劳，继而在家庭之外的团体中体会别人的辛苦，在说话的时候自然也就懂得委婉。

尊重别人是孩子和周围人友好相处的最基本原则，是他们长大之后在社会上得以立足的前提。假如孩子不懂得尊重别人，那么他们说出来的话势必会深深地伤害到周围的人，如此，又有什么人愿意和其交朋友呢？

如真小学四年级，有一次妈妈去接她回家的时候，听到她对着一个从身边走过去的男孩子大声喊了一声"小胖墩，笨笨笨！"妈妈觉得女儿不懂得尊重同学，说话很不委婉，于是便对如真说："怎么能那么喊自己的同学呢？这样人家会很伤心的。"

"他长了一身肥肉，而且学习很差，大家都这么叫他。"如真振振有词。"长得胖你就叫人家'胖墩'，那么你长得这么瘦，别人叫你'瘦猴'，你高兴不？学习不好不一定笨，也许他在别的方面有你比不上的优点呢？"听妈妈这么一说，如真低下了头，她可不想被称为"瘦猴"。

家 教 心 得

很多孩子说话没有礼貌，直接，莽撞，比如喜欢给人家起外号，揭人家的伤疤，见到别人陷入困境而加以嘲笑，等等。其实孩子这么做，从根本上说并不存在恶意，只是一种好奇心或者盲从行为。爸爸妈妈在了解到孩子的这种行为时，需要及时指出他们的不当之处，让他们设身处地地想一想，亲身体验一下不受别人尊重的痛苦。如此一来，孩子自然也就会注意自己的言行。

原谅朋友犯下的错误

犹太人能够宽容地对待身边的人，原谅朋友犯下的错误。犹太人认为人人都有犯错误的时候，假如别人所犯的错误是无心之举，就没有必要抓着错误不依不饶；假如对方有了悔改之心，也没必要记恨什么。世间唯有宽容最大，给别人一个悔改的机会，其实就是给自己留下了一扇窗户，通过这扇窗，别人可以更深刻地感受到你的胸怀，继而对你另眼相看，让彼此间的友谊变得更加深厚。

犹太人在孩子的人际交往教育中引入宽容教育，无疑是非常睿智的。想要让孩子结交到更多的朋友，父母就必须帮助孩子学会宽容待人。莎士比亚说："不要因为你的敌人燃起的一把火，你就把自己烧死。"当一个人在情绪面前丧失理智的时候，他就会变成情绪的奴隶；而当他心怀宽容的时候，他就会变成自己情感的主人。

现实生活中，经常会看到这样的现象：一些孩子会因为一点小事情而同别的小朋友吵架，比如被别人踩了一脚，这个时候，不懂得宽容的孩子就会大发脾气，甚至说脏话，大打出手……

另外不管男孩子还是女孩子，由于自身社会阅历较少，普遍"讲义气"，对忠诚看得比较重要。于是就出现了这样一个问题：假如身边的小伙伴在某件事情上没有和其保持统一立场，"背叛"了他，就可能心怀怨恨，甚至和人家"恩断义绝"，这些都是不成熟的表现。胸怀不宽厚，又怎么能让别人渴望结交呢？

　　这天，妈妈接斯汀放学，发现走出学校大门的斯汀一脸的喜气。没走几步，斯汀就喜滋滋地打开书包，拿出一把卡片向妈妈炫耀道："妈妈，你看，我这里有15张游戏卡片。"最近斯汀迷上了收集这种花里胡哨的卡片，总是央求妈妈给他购买，他已经收集了将近半抽屉卡片。

　　妈妈好奇地问斯汀："你怎么一下子会有这么多的卡片？"见妈妈询问，斯汀回答道："是我们班里的亚瑟利特给的。"妈妈听了不怎么高兴，因为之前曾经叮嘱过斯汀，让他在外面不要轻易要别人给的东西。妈妈继续追问道："人家为什么会给你卡片？"这么一问，妈妈才知道事情的原委：原来亚瑟利特和班里的一个同学亚伯有矛盾，亚瑟利特家境比较好，所以给班里每个男同学15张卡片，要大家都不和亚伯来往。

　　吃过晚饭之后，妈妈把斯汀叫到身边。斯汀自从回家后，就一直把那15张卡片揣在衣兜里，不时地拿出来看一眼。妈妈问："宝贝，你的那些卡片真漂亮，但是你真的因为这些卡片不和亚伯做朋友了？妈妈记得亚伯是你在班里最好的朋友，难道你为了这些卡片就不和亚伯做朋友了？""是亚伯先背叛了我，上次我和一个同学吵架，亚伯不仅不帮我，而且还和那个同学站在一起说我的不是，所以我才会接受亚瑟利特的卡片！"见妈妈这样问，斯汀有些愤怒地回答道。

　　妈妈说："因为你和亚伯关系好，所以亚伯在你和别人吵架的时候才会给你提意见，指出你的不对之处，这正是好朋友的可贵之处，证明他是你最值得信赖的朋友！而且作为一个男子汉，心胸要宽广，即使当时亚伯指责了你，'背叛'了你，你也要原谅人家啊，要知道好朋友是很难得的，处理得好，你会收获一辈子的友谊！"

斯汀睁大眼睛看着妈妈，他没想到自己的心眼儿这么小，收了亚瑟利特的卡片故意疏远亚伯，说不定亚伯知道后会伤心地大哭一场呢。斯汀赶紧向妈妈解释说："我不是真的不和他做朋友……要不我明天把卡片还给亚瑟利特好了。"听斯汀这么说，妈妈的语气缓和下来，对斯汀说："儿子，只要你肯向亚伯真诚地道歉，那么亚伯一定会原谅你的。要是你能让亚瑟利特和亚伯和好，那就更好了。"听妈妈这么说，斯汀认同地点了下头。

在家庭教育中，爸爸妈妈需要做的就是，不断地引导孩子，面对别人的错误，甚至所谓的"背叛"，要表现出自己宽容的一面，要懂得给别人留一条路，学会谅解别人。

只要有人存在的地方就会有摩擦，这是不可避免的。当摩擦出现的时候，冷静、宽容才是最好的策略。爸爸妈妈需要让孩子明白，遇到冲突，冷静应对，宽容以待，如此才能获得更多的友谊。

振振和别的小朋友抢乒乓球台，双方起了冲突，振振脸上被抓了一条血痕。回家之后哭着向爸爸控诉，不承想却被爸爸狠狠地训斥道："真笨，打不赢人家还有脸回家哭。以后谁打你，你就打谁，不能吃亏！"

后来振振便经常领着一帮人四处打架，爸爸这个时候才发觉自己的教育方法出了问题，但是为时已晚，管不住振振了。

振振变成这样，爸爸的责任是很大的。假如在孩子和别人发生冲突的时候，爸爸能够站在一个比较客观的立场上分析问题，告诉他要宽容，要多从自身找问题，孩子才会在面对冲突的时候学会冷静，懂得包容。

孩子在生活或者学习上遇到问题，爸爸妈妈要引导他从别人的立场上看问题，将自己和别人互换一下，如此才能真正理解别人，宽容别人的错误。

班主任组织了一次图书杂志互换阅读活动，图图将爸爸刚刚给他买的《读者》杂志带到班里，但是没想到被同桌不小心将封皮弄扯了。

图图很生气，不仅不让同桌再看自己的杂志，而且还坚持让同桌赔一本新的《读者》杂志。回家后，图图将这件事情告诉爸爸，爸爸觉得儿子不懂得宽容，于是心生一计，决定找机会让儿子也感受一下不被别人宽容的滋味。

就在晚饭的时候，图图不小心将碗摔破了。爸爸觉得机会来了，便故意板起脸来，训斥图图道："你怎么搞的，碗摔破了不说，还浪费粮食，晚饭不许吃了。"图图伤心地哭起来："我又不是故意的！"

爸爸这个时候用平静的语气说道："每个人都有不小心的时候，爸爸只是想告诉你，因为不小心犯了错误而不被别人原谅是很难受的，就像你不原谅同桌一样，你同桌当时的心情也和你现在一样。你想一想，爸爸说得对不对？"

图图不好意思地低下了头。

很多时候，孩子因为年龄小，社会经验不足，并不明白自己的不宽容言行对别人所造成的巨大伤害。这个时候只要让他亲自"品尝"一下那种感受，他才会真真切切地明白宽容的重要性。

家教心得

人人都会犯错误，朋友犯了错误后，孩子需要做的不是讨伐、攻讦，而应该是以宽容的心态去包容，给予朋友一次改过的机会。要知道，在人际交往中，设身处地地为别人着想，原谅别人的小错误，往往会在别人内心深处留下宽容的印象，让彼此间的友谊更加坚固。

第七章
守规矩，犹太人才能走遍天下

犹太人认为，爱孩子需要坚持必要的原则，假如因为爱而摒弃规矩，那么这不是爱，而是慢性毒药。所以在孩子很小的时候，犹太人就开始给孩子立规矩，告诉他们哪些方面是"高压线"，不能碰触；哪些方面是"道德舞台"，需要积极"演出"。遵守最基本的规矩，这样的孩子才最有魅力，走上社会之后才会被人认可、被人尊敬。

爱孩子就要让他懂得什么是规矩

犹太家长一直认为，爱孩子，就要让他们懂规矩。所以犹太家长在教育孩子的时候，爱和规矩都是不可或缺的。但是很多中国父母在教育孩子的时候，总会有这样的感受——给孩子立规矩要比给孩子爱难得多。确实，人人都爱自己的孩子，这种爱是一种源自内心的本能，而给孩子立规矩，就需要压制这种本能去限制孩子某方面的言行，这一点是很多父母做不到的。

所以生活中，经常会有一些家长明知道什么是规矩，却不忍心用在孩子身上，用它约束孩子，限制孩子某些方面的言行。这些家长的做法虽然表面上看是因为爱，是对孩子好，但实际上则是在用爱的名义亵渎规矩。相反，还有一类家长，习惯打着规矩的名义发泄自己的愤怒，这样做不仅伤害孩子的身体，更伤害孩子的心灵，同样是对规矩的亵渎。假如爸爸妈妈只知道一味地疼爱孩子，却不忍心管教他们，为他们灌输规矩的重要性，引导他们敬畏规矩，那这样的爸爸妈妈就谈不上是称职的家长。

下面是一位犹太母亲的教育日记：

以前，因为工作忙碌的原因，艾维利亚一直在爷爷奶奶的溺爱中生活。她6岁的时候还不会自己洗澡，也不敢自己一个人睡觉，甚至连洗脸、穿衣服也需要奶奶全程帮忙才能完成。有段时间，爷爷奶奶回特拉维夫老家，我觉得这是给艾维利亚立规矩的好机会。

首先，我觉得第一个规矩应该是自己的事情自己做。早晨，艾维利亚起床后便嚷嚷着我给她洗脸，我说："宝贝，妈妈要给你准备早餐，你自己把脸洗了好不好？"她不听，对我使出了她在奶奶面前百试不爽的"撒手锏"——撒娇，抱着我的大腿"拧麻花"。我继续开导她："你要懂规矩，咱们家里的人，谁不是自己的事情自己做的？你都6岁了，要自己洗脸……"

"我早就会，但是我就是不想自己洗，我就要你给我洗！"艾维利亚噘着小嘴说。"现在我就给你宣布一条规矩：自己的事情自己做！洗脸是你自己的事情，需要你自己完成，妈妈也有自己的事情要做。你赶快将脸洗干净，妈妈去做早饭。"说完，我就走出卫生间，打算忙自己的事情去。

见我要走，艾维利亚大哭起来，拉着我的衣角说："我以前怎么没听说这规矩？以前都是奶奶给我洗，我就是不愿自己洗脸。""那是奶奶没告诉你，现在妈妈告诉你了，你就要遵守，你看看妈妈和爸爸，哪个不是自己的事情自己做的？"我很坚定地说道。见艾维利亚还是抓着我的衣角不放，我问她："那你能告诉妈妈为什么不想自己洗脸吗？"艾维利亚哭着说道："我怕洗脸的时候弄湿衣服。"

我拉着艾维利亚的手，将她领到洗手台前，给她做示范，教她怎么洗才不会将衣服弄湿。考虑到这是她第一次自己独立洗脸，我将毛巾围在她的脖子上，告诉她："这样你就不会将衣服弄湿了，你试一试。"

但是艾维利亚显然不想接受我制定的规矩，她哭着将毛巾从脖子上扯了下来，扔在地上。但是我假装没看到，走进厨房，开始准备早餐，任由她发泄情绪。见我不理睬她，艾维利亚哭得声音更大了，边哭边说："妈妈是个大坏蛋！"我不为所动，因为我知道不管是扔掉毛巾还是说我是"坏蛋"，都是她的"小伎俩"，无非是想引起我的注意力。

艾维利亚的哭声在持续，厨房中的我看似平静，其实内心很纠结，我想立刻跑过去帮助她洗脸，不让她再哭泣。但是想到刚刚树立的规矩，想到假如因为爱而放弃规矩，这种爱也就变成了一种"毒爱"，最终只会伤害到她。过了一会儿，哭声停止了，我偷偷走过去看，发现艾维利亚正在刷牙，已经将脸洗干净了。

吃早餐的时候，艾维利亚仿佛忘了刚刚发生的事情，和我说了很多悄悄话，告诉我她一天的设想：想玩游戏，想去游乐园，想吃红烧鱼……这很符合孩子的性格特点，不高兴的事情转眼就忘记了。但是我很清楚，她并没有忘记我刚刚确立的那条规矩：自己的事情自己做。但我想起艾维利亚的哭声，心还是揪在了一起，害怕她有点想不开。

上学路上，我主动提起那件事情，希望能让她彻底明白订立规矩并不等于不爱她，正是因为爱她，所以我才不得不订立这个规矩。我告诉她："妈妈听到你的哭声其实比你更伤心，但是你要明白，正是妈妈爱你，在乎你，所以才会给你订立规矩，希望你能自己独立做很多事情，变得更加自立和强大。假如你确实不会做，或者有什么难处，就告诉妈妈，以后不要再哭了好不好？"

"我还没养成'自己的事情自己做'的习惯呢。"她听了我的话，有些不好意思。我抚摸着她的头，告诉她："正是没有养成这种习惯，所以你才需要练习。假如不做的话，就永远也不会养成这种习惯。小时候奶奶将吃的东西嚼碎了嘴对嘴地喂你，现在你也希望这样吗？"

"不，那多不卫生。"艾维利亚回答。"洗脸也是这样，你都上小学了，还要别人给你洗，咱们家没这规矩，被别的小朋友知道后他们会嘲笑你的。以后奶奶再给你洗脸，你就告诉奶奶'自己的事情自己做，我能自己洗脸了'，好不好？"艾维利亚点头。

假如爸爸妈妈只知道疼爱孩子，迁就孩子，为此不忍心去管教他们，给他们订立规矩，培养他们对规矩的敬畏之情，那么这样的爸爸妈妈就算不上好家长。因为"养不教，父之过"，管教孩子，给予他们丰富的社会生存能力，就要从让孩子遵守规矩开始，这是为人父母者不可推卸的责任。

《圣经》云："因为主所爱的，他必须管教，又鞭打凡所收纳的儿子。"所以正是父母深沉地爱着孩子，才需要去管教他们，为他们建立起守规矩的意识，给他们制定相应的规矩。假如家长总是不忍心，那么家长付出的爱就变成了溺爱，成了孩子成长中的慢性毒药。要知道没有理性的把持，人的爱如空中的风，来得快去得也快。

所以，为了爱，家长要及时为孩子立规矩；为了爱，家长要理性地爱孩子。真正的爱是带有规矩的爱，所谓三分规矩七分爱，这样的爱和规矩作用在孩子身上，才会让他们变得更加理性、更加强大。

家 教 心 得

　　正所谓"没有规矩不成方圆"，孩子想要成功融入集体中，做出相应的成绩，就必须具备规矩意识，对规矩保持足够的敬畏。所以在家庭教育中，爸爸妈妈要尽早帮助孩子认识到规矩的重要性，为孩子订立规矩，引导孩子遵守规矩，敬畏规矩。

培养孩子对规矩的敬畏之心

犹太民族认为想要对孩子进行规矩教育，必先让孩子在内心中生出对规矩的敬畏之心，这样孩子才会始终对规矩心存敬畏，不至于逾越规矩。实际上，不管什么场合，什么环境，规矩都是底线，不能随便逾越；规矩是护栏，随便跨越必然会导致严重后果。

基于此，犹太家长在家庭教育中就特别重视培养孩子对规矩的敬畏之心，引导孩子严肃对待规矩，敬畏规矩。一位犹太妈妈在教育自己的女儿时就遵循这样的理念，顺利地引导女儿树立起对规矩的敬畏心理。

犹太妈妈教育日记一：

记得有一天晚上，我应一家教育杂志之约，写一篇育儿稿件，而女儿则坐在我身边写作业。写过稿子的人都知道，写稿的时候最怕的就是被打扰，因为哪怕是一点点的打扰都会将头脑中原本清晰的思路打乱，所以保持周围环境的安静就显得尤为重要。假如周围环境比较嘈杂，写出来的东西就可能没有丝毫新意，整个稿件也就毫无特色可言。

为此我特意在动笔之前给女儿立了一条规矩：写作业的时候要保持安静，休息的时候不许打扰我。女儿当时答应得很郑重，但是她写了一会儿作业休息时，就将这条规矩抛在脑后，一会儿用脚踢我一下，一会儿摆弄我放在桌子上的资料，一会儿又喊我看她画的画。我尽最大努力克制自己，不去理会她，不让她打断我的思路。哪知道，女儿见我没反应，竟然得寸进尺，把手放在电脑键盘上乱敲一气。

我只能暂时停下来，耐心地给女儿讲道理。我告诉她："妈妈在工作，很重要，不希望别人打扰。你在写作业的时候是不是也不希望别人打扰你？尽量不打扰别人，这是最基本的规矩，最基本的礼貌。"

女儿坐回到椅子上，拿起笔继续写她的作业。但是没过几分钟，她又凑到我身旁开始敲电脑键盘。我明白我的稿件是写不下去了，之前制定的规矩在女儿眼中没有任何的权威，更别提让她对规矩保持什么敬畏之心了。我觉得自己应该做些什么，让女儿明白规矩是需要敬畏的，并不是摆设，假如现在不行动，那么等到女儿长大之后必然缺少守规矩的意识，这种状况对她而言是非常危险的。

想了想，我拿出手边的圆珠笔，在她正写着的作业本页面上画了几下。我很清楚这意味着什么，有了我的这几笔，她必须要重新写，之前写的那些都要作废了。女儿先是愣了愣，显然她并没有意识到我会这样做。然后我设想的状态发生了，她先是撇了撇嘴，之后便将铅笔一扔，号啕大哭起来，边哭边向我喊："你是个大坏蛋，把我的作业弄坏了，我刚刚都要写完了。"

我没有理会她的苦恼，而是将电脑关上，走出了书房。我希望女儿可以独自待上半小时，好好地反思一下自己的行为，特别是对规矩的严肃性有一个认知。等她想明白这一点，对我刚刚的行为自然就有了认识。

半小时后，我走进了书房，和女儿聊起了天。"宝贝，妈妈那么做，你觉得很难受是不是？"我问她。"我好不容易写的作业被你毁掉了，你为什么要那样做？"她表现得很无辜，看来还没想明白我那么做的原因。

"妈妈知道你写的作业是你劳动的结果，你写了很长时间，肯定不希望别人破坏它。宝贝，其实不仅仅是你这样想，别人也不希望自己的劳动成果被破坏掉。"我尽可能地将语言放轻柔，给她讲道理。

"刚才你打扰到我的工作，破坏了咱们开始时约定的规矩。妈妈之前给你讲过一次道理，但是你没听进去，没有意识到规矩是严肃的，约定后就要遵守。后来妈妈在你的作业上画了几道，就是希望你能对妈妈的遭遇感同身受，明白规矩是有权威的，它需要被敬畏，逾越了就要遭受相应的惩罚。你能明白妈妈刚才的举动吗？"见女儿低着头，不说话，我继续说道："规矩和法律的性质是一样的，假如轻视它，最终受到伤害的只会是你自己。"

很多时候，很多道理其实孩子心里很明白，但是在他明白的前提下，他还是会犯错误，原因有很多：可能是自控能力不强，总是控制不住自己的言行，也可能是孩子想要引起爸爸妈妈的注意，故意为之。但是不管哪种可能，在明知道有规矩约束的前提下，还要去碰触，那么家长就需要采取行动，突出规矩的权威性，让孩子学会敬畏规矩。

犹太妈妈教育日记二：

记得有段时间，女儿总是爱将我的东西藏起来，搞一些"恶作剧"。我包里的钥匙、手机，书桌上的书，经常会无故地失去踪迹。

我曾多次跟女儿讲道理，说钥匙藏起来妈妈就打不开门，手机藏起来，别人就联系不上妈妈，妈妈进不了门，接收不到消息，后果是很严重的，但是效果却微乎其微。有一次，我在写一篇教育文稿的时候，需要查阅一本书，但是我找遍了整个书房都没发现那本书的踪影。想起女儿的"前科"，我问她："你动没动我的书？"她很自然地回答我说："没有。"但是后来我还是在她的床垫下找到了那本书，那一刻我很生气，本想将她的课本藏起来，"以牙还牙"，让她也品尝一下着急的滋味，但是转念一想，我觉得应该给她立个规矩，并让她敬畏这个规矩，这样效果才是最好的。

于是我拿着那本书离开了女儿的房间，等到气消了之后针对女儿的这些"恶作剧"，我给她制定了几条规矩，在电脑上打印出来，贴在她的房门右侧。其中最主要的一条就是：不准藏爸爸妈妈的东西，一旦违反了，没收一周的零花钱。

当然，规矩制定出来后，女儿还是触犯了几次，但是每次我都按照规矩严格执行，几次下来，她对规矩开始有了敬畏之心，再也不刻意违背了。不仅仅是在家里，在学校，她违规的情况也少了起来，这让我高兴了很长一段时间。

教育的核心并不是传授知识，而是培养健康的人格，让孩子懂得敬畏规矩，有明辨是非的能力，对自己、对他人、对社会都要有责任感。让孩子从小就了解规则，敬畏规则，按规则做事，也许表面上看起来像一种限制，但实际上是一种更为积极和重要的保护。

教育孩子并不意味着简单地盯着孩子的学习，发展他们的特长。更重要的是，我们在向孩子传授知识的同时，也应该教给他们最基本的是非观念和道德观念，特别是对规矩的敬畏。

家 教 心 得

　　古人很早就树立起了对规矩的敬畏之心，很早就有"三畏"之说：畏天、畏地、畏己。不懂得敬畏规矩的孩子，即使学习成绩再好，长大后走入社会也必然处处碰壁。因为规矩是社会的"围栏"，没有规矩的守护，社会必然一团糟，而无视规矩的人必然会显得和社会格格不入，最终为社会所抛弃。

碰触了"红线"就要惩罚

苏联教育学家马卡连柯说过："凡是使用惩罚能够有益处的地方，就应当使用惩罚。"犹太人教育孩子也非常善于运用惩罚的效用，在犹太人看来，惩罚在教育中的作用是很大的，它能够戒除孩子的不良行为，特别是在孩子可能去碰触规矩红线的时候，及时恰当的惩罚是非常必要的。惩罚的目的是将孩子的错误行为和其应受的痛苦联系起来，继而引起孩子不愉悦的内心体验，让他们产生痛苦、内疚、悔恨情绪，继而达到让孩子改正错误、敬畏规矩、自发维护规矩的目的。

但遗憾的是，很多爸爸妈妈爱孩子已经到了一个没有丝毫"红线"的地步，即使孩子故意违背规矩，他们也会睁一只眼闭一只眼，甚至还有些家长故意纵容。这样的爱其实已经变了味道，不是在爱孩子，而是在毁掉他们的未来。

犹太妈妈教育日记一：

一个周末，妈妈打算带索菲雅去看姥姥。索菲雅很高兴，在床上蹦来蹦去，后来干脆光着脚在地板上跑来跑去，然后又爬到床上继续"跳舞"。妈妈发现，索菲雅不知道什么时候在床单上留下了几个黑乎乎的脚印。

　　妈妈觉得索菲雅是故意将床单弄脏的，因为在之前爬上床的时候，索菲雅曾经对妈妈很狡黠地笑了笑，当时妈妈不明白怎么回事，但看到那几个脏兮兮的黑脚印后，妈妈一下子明白了，索菲雅肯定知道自己的脚丫子是脏的，但还是上了床，故意将床单弄脏，是在"明知故犯"，碰触了之前家里树立的"讲卫生"规矩的"红线"。

　　想明白这点后，妈妈决定立即惩罚一下索菲雅，让她明白事情都是有底线的，一旦触及，就必须付出代价。所以妈妈把床单换下来，将索菲雅叫到跟前，问她："咱们之前订的规矩中的第二条是什么？"索菲雅不假思索："讲卫生。"这样妈妈更加确认索菲雅将床单弄脏带有明显的故意性，因为她规矩记得很熟，并不是无意为之。妈妈指着床单上黑乎乎的脚印，说："你故意碰触'红线'，妈妈必须惩罚你，不然以后你还会明知故犯的。"

　　索菲雅似乎意识到妈妈要"动真格"，小声地说："妈妈，我错了。"但是妈妈并没有因为她承认错误而罢休，而是告诉索菲雅："知错就改才是个好孩子，但是你故意违反规矩，碰触红线，所以这个床单需要你自己洗干净，妈妈是不会帮忙的。"听妈妈这么说，索菲雅不情不愿地接过床单，到卫生间洗去了。虽然之后妈妈将索菲雅洗过的床单又偷偷地洗了一遍，但是妈妈还是觉得这样做效果很好，在索菲雅心中确立了这么一种意识：故意去碰触"红线"，必然会受到惩罚，承担后果。

　　在孩子故意违反规矩、碰触"红线"的时候，爸爸妈妈要立即进行适当的惩罚。很多时候，跟孩子讲道理是讲不通的，即使他们勉强听进去，但是效果也不会持续多久。这个时候就需要爸爸妈妈立即惩罚他们，这样才会让孩子明辨是非，知道什么该做什么不该做。

当然，在孩子碰触规矩后，爸爸妈妈要注意的一点是，并不是为了惩罚而惩罚，假如能够在惩罚孩子后将所犯的错误转化为有价值的生活体验，将错误转变为学习的良机，这样的惩罚才会变得更加有意义，才能让孩子更好地维护规矩，遵守规矩。

犹太妈妈教育日记二：

让索菲雅洗床单几天后的一个中午，妈妈在厨房准备午饭，索菲雅在妈妈身旁玩耍。午饭是他们三个人最爱的意大利面，当妈妈烹饪食物时，索菲雅看到了案板上的食材，便随手拿了一些玩耍起来。妈妈让她放回去，但索菲雅却没理会妈妈，跑到客厅去了。

爸爸发现后，追着索菲雅想要回那些食材。但是索菲雅手抓得紧紧的，就是不给，最后一气之下竟然将食材扔在了地板上，还用脚踹了几下。爸爸很生气，觉得索菲雅在浪费粮食，便在她的屁股上打了两下，惩戒她。索菲雅大哭，妈妈和爸爸都没理会她。

索菲雅哭了一会儿就停下来，但还是站在原地，使小性子。妈妈把她拉到刚才扔食材的地方，对她说："咱们一起玩个游戏好不好？我们用这些食材摆数字加减法怎么样？"索菲雅正在学加减法，单纯写作业对她来说是一件比较枯燥的事情。妈妈出题，索菲雅用碎掉的食材摆出结果，将学习融入进去，果真引起了她的兴趣。索菲雅很认真地和妈妈一起把碎掉的食材折成适合的长度，摆数学题，一口气连续摆放了十几道加减法运算。

妈妈对索菲雅说："宝贝，咱们家的第一条规矩就是节约，不浪费食物。刚刚爸爸打你，是因为你将食材浪费了，要知道从种植到收获这个过程，很多人都付出了劳动，我们可以吃，但是不能浪费。这个红线是不能逾越的，不然就要被惩罚。"

在犹太人看来，对孩子的惩罚应该和说服教育结合在一起。要知道惩罚的最终目的是抑制并最终消除孩子的不良行为，让孩子更加守规矩。所以，犹太人在惩罚孩子的时候，会向他们讲明白为什么要惩罚他们，让孩子心服口服，发自内心地接受惩罚。

假如孩子不明白自己受惩罚的原因，那么下次他们可能还会碰触规矩的"红线"，甚至故意和父母对抗。惩罚的时候需要讲明道理，让孩子知道自己究竟错在了什么地方，同时也要耐心地和他们讲道理，向他们提要求。在这个过程中爸爸妈妈千万不要放弃说服和开导，不然孩子受的惩罚越多，其碰触"红线"的次数反倒越多，和家长惩罚的目的就会背道而驰。

俗话说趁热打铁，其实对孩子的惩罚教育也是一样的道理。在孩子刚刚碰触"红线"的时候，爸爸妈妈要及时进行惩罚，这样能够让孩子对自己的行为产生自责，从而加深对过错的记忆和认识。假如时间长了，那么这种过错也就慢慢被孩子所淡忘，那个时候再惩罚，显然他们会很难接受，甚至搞不懂爸爸妈妈为什么突然又提起以前的事情来。

另外需要特别注意的是，在惩罚的时候要讲究方式。在教育孩子的过程中，爸爸妈妈要视他们违反规矩所造成的不同后果和程度，分别给予不同惩罚，比如剥夺他们某方面的权利，限制他们的某些需求，不允许他们做想做的事情等。

另外爸爸妈妈在孩子违反规矩的时候，也可以选择"自然后果"

的惩罚方法，孩子违反了规矩后，爸爸妈妈并不是进行人为处罚，而是让他们亲身体验一下自己所造成的后果，继而迫使他们改正错误，纠正过失。另外惩罚孩子的时候要特别注意场合，不要在人多的地方伤害孩子的自尊心，不然惩罚很难达到预期的效果。

家 教 心 得

想要让孩子守规矩，走上社会之后一帆风顺，那么就必须首先让孩子体验一下违反规矩的后果。很多时候，对孩子说教100遍规矩的重要性也不如让孩子亲身感受一下违背规矩的后果，当孩子体验到后果之后，才会发自内心地感受到规矩的重要性，才会积极主动地遵守规矩，维护规矩。

给孩子树立一个"守规矩"的榜样

曾经在某报纸上看到过这么一篇报道：读小学六年级的小琳，妈妈在出差之前给了她一张银行卡，里面有四万元钱，嘱咐她需要用钱的时候要和外婆一起去银行取钱。但是小琳没有这么做，而是和自己最要好的同学小美一起去了银行，取了100元钱，并将银行卡的密码告诉了小美。随后小琳的银行卡不小心丢了，但恰巧被小美捡到，小美私自从银行取了500元买玩具和食品，结果被她母亲发现。

小美母亲将小美痛打了一顿，不仅收走了那张银行卡，而且还将密码问了出来。但是小美妈妈随后却起了贪心，分多次将卡中的钱都取了出来，事后又担心案发，主动向公安机关自首。

看了这篇报道，很多家长都觉得有些荒诞，孩子做错了事情，做父母的自然要对其进行严厉教育。小美捡到小琳母亲的银行卡，按规矩，她应该将银行卡归还给小琳，但是她却没这样做，反而私自取出了500元钱，这样一来小美的行为就属于盗窃，家长了解后确实应当严格地批评教育，之后将银行卡归还给小琳，赔偿损失。但是小美的妈妈却没这样做，在惩罚了小美后，自己却生出贪欲，这看起来有些不可思议，但是在现实生活中，像小美妈妈这样的家长的确是存在的。

犹太人正面管教：
如何培养孩子的社会能力

　　孩子的内心就犹如一张白纸，从幼儿园到小学、初中，在家长的教育下，他们了解到最基本的规矩，知道什么可以做，什么不可以做。在孩子的成长过程中，家长总是习惯对孩子说教，将一些规矩告诉孩子们，叮嘱孩子要遵守，但是遗憾的是，在要求孩子遵守规矩的同时，家长自己却没有身体力行，为孩子树立起守规矩的榜样。很多家长不管是教育自家的孩子，还是别人家的小朋友，尊老爱幼，孝敬父母，拾金不昧，助人为乐，这些社会和道德规矩一条接着一条，讲得头头是道，但事实上违反这些社会和道德规矩的基本上还是家长。比如生活中人们经常会在公园等公共场合看到带着孩子的家长乱扔垃圾，但是拿着果皮主动往垃圾箱扔的通常都是孩子。

　　一位妈妈，经常向一位从事教育工作的朋友萨沙说起她 7 岁的女儿存在的问题，说她女儿特别不守规矩，比较叛逆。长辈想让她做些什么，她都不肯合作，而且往往违反规矩，甚至有时候故意破坏规矩。那位妈妈说："昨天晚上她想看动画片，我就说了一句'你坐到沙发上去，我就给你打开电视'。"但是女儿听了这句话，非但没按照妈妈的规矩来，而且还躺在客厅地板上打起滚来。

　　萨沙对朋友家的情况比较了解，对朋友所说的这件事情印象非常深刻。那时候，朋友女儿还不到五岁，连话都不怎么会说。有一次她拉着妈妈的衣角，指了指电视机，意思是让她打开电视机看动画片。当时的情景萨沙记得很清楚，朋友对女儿说："你先坐到沙发上去，然后妈妈就给你把电视打开。"她女儿听了之后，很乖巧地爬上沙发，等着妈妈将电视打开。但是朋友却对一边的萨沙说道："你看着，我不给她开电视，一会儿她就会从沙发上下来拉扯我的衣服。"

朋友刚刚对萨沙说完，她女儿果真从沙发上爬下来，走到她的身边拉着她的衣角，再一次要求妈妈将电视打开。朋友还是重复先前的那句话："你坐到沙发上去，妈妈就给你打开电视。"她的女儿听了之后再一次爬上沙发坐好，但是这个时候朋友却对女儿说道："宝贝，看电视伤害眼睛，咱们还是不看了。"

那个时候萨沙就很不客气地告诉朋友："你这是典型的说一套做一套，你的女儿没问题，问题出在你的身上，她长期在你这种教育影响下，守规矩才怪。就拿看动画片这件事情来说，正是你先不守规矩在前，经常性地欺骗她，许诺坐好就开电视，但是最终却不兑现打开电视的诺言，所以她才会叛逆，对所谓的规矩也就越来越轻视，在今后的生活中不守规矩。"

教育孩子守规矩，家长必须先自己守规矩。理解孩子，尊重孩子。那位妈妈不想让女儿看电视，完全可以转移一下她的注意力，比如和她做个小游戏，或者讲个有趣的小故事，等等。但是她却采用了一种欺骗的方式破坏规矩，那么又怎么能苛求孩子去守规矩呢？

有一次，萨沙带着女儿柯丽娜去邻居家串门，邻居家女儿比柯丽娜大几个月，两个人玩在一起如同一对小姐妹。一会儿，邻居拿出来一包糖果，准备打开给孩子们吃。萨沙看到柯丽娜很羡慕地看着自己的小姐妹接过糖果，她却没伸手。

因为柯丽娜有龋齿，医生千叮万嘱是不允许她吃糖的。为了能帮助柯丽娜抵住诱惑，遵守这条规矩，萨沙先身体力行起来，因为萨沙就比较喜欢甜食，但是为了给柯丽娜树立一个守规矩的榜样，萨沙却放弃了这个口腹之好。在萨沙的带领下，柯丽娜也能很好地遵守不吃糖的规矩。所以她并没有吃糖，而是接过了萨沙递过去的饼干，这一点令萨沙非常欣慰，柯丽娜能自觉地遵守规矩。

其实在日常生活中，爸爸妈妈身体力行，为孩子树立一个遵守规矩的榜样，最终的效果比对孩子单纯说教要好得多。比如逛街的时候，穿越路口，一些家长总是在闯红灯，完全不顾及身边孩子的疑惑眼光，为孩子树立了一个不守规矩的坏榜样。这类家长在生活中肯定不止一次叮嘱上学的孩子要遵守交通规则，但是他们自己却没有做到，反而在孩子面前违反规矩，这不得不说是一个很大的讽刺，让身边的孩子困惑不解。睿智的家长会严格按照"红灯停，绿灯行"的规矩来，即使身边的人成群结队地闯红灯，家长也会安然地站在那里。

作为爸爸妈妈，在教育孩子遵守规矩前要先审视一下自己，恪守身体力行的原则，做到"打铁还需自身硬"。要求孩子不能做什么的同时，家长应该首先做出典范，为孩子树立一个正面的榜样。否则只能将孩子引入歧途，视规矩如草芥，养成叛逆的性格。

家 教 心 得

家长要求孩子守规矩，自身必须要先做好表率，让自己在孩子眼中成为一个守规矩的榜样。正所谓"己所不欲，勿施于人"，想要别人做好什么，自己就需要先做好什么，同样的道理，想要孩子成为什么样的人，家长就需要首先成为什么样的人。如此一来，有了榜样的带领，孩子自然就会主动守规矩。

践行一起拼赛车的承诺

犹太民族重信守诺，犹太人只要做出了承诺便会兑现，将自身信誉看得比生命还重要。犹太民族将重信守诺视为一项最基本的规矩，将之践行于教育中，从小培养孩子重信守诺的精神。正是凭借着这种对信用和诺言的看重和执着追求，犹太民族才会在商业领域大放异彩，涌现出众多商业奇才。

在中国，守信重诺，自古以来就是中华民族的优良传统，从孔圣人到现在各个领域的社会精英，无一不把守信重诺作为安身立命之本。在全球经济一体化的今天，守信重诺就显得尤为重要。对于孩子，父母如果能在幼年时期就教会他们诚实守信，重视承诺，对以后孩子的发展无疑具有深远的意义。

都说家长是孩子的启蒙老师，因此，处于"教学"地位的家长应首先严格地要求自己以"守信"作为自己的行动准则，这样，言传身教，潜移默化地影响到孩子。同时，告诉孩子守信并不是一件很难的事情。

周末，爸爸想要带着全家去朋友家做客，爸爸妈妈换好了衣服就要出门，只有斌斌仍待在那儿。妈妈喊道："斌斌，快点走，叔叔一家都等着咱们呢！"听到妈妈的喊声，斌斌马上站起来，犹豫了一会儿，却又坐下了，并没有出门的意思。"怎么了？"爸爸看到斌斌又坐了下来，不解地问道。"今天我可能去不了叔叔家了！"斌斌有些着急地说。"为什么不能去了？"妈妈着急地问道。"妈妈，我昨天邀请小明到咱们家做客，我要教他拼赛车。""我还以为有什么重要的事情呢，这好办，以后有空再教小明吧，咱们先去叔叔家。"爸爸说完，便拉着斌斌的手一起出门。"不行！不行！小明来而我却不在家，这叫不讲信用，不守承诺，以后我还怎么好意思和小明见面呢！"斌斌都要哭了，他有些不知所措。"那也不要紧呀！回来后我带你到小明家去解释一下，当面道个歉不就好了？然后你再和小明约个时间，一起拼赛车。"妈妈说。"不！不行！答应了别人的事，怎么可以随意改变呢，况且你们平时总教我讲信用，要我做一个说话算话的人，对不对？"斌斌说道。"我明白了，斌斌是一个守信用的孩子，不能不守承诺，对吧？"妈妈点头说道。一旁的爸爸说："好吧，那我和妈妈去，斌斌留在家兑现承诺！"

爸爸妈妈由于不放心斌斌一个人待在家里，在朋友家吃过中午饭就匆匆赶回家。一进门，爸爸就看见一脸失望的斌斌。"小明呢？"斌斌回答道："小明没有来，可能是他临时有什么急事耽误了吧！""没有来？那你一个人在家等了这么久该多失落呀！"妈妈心疼地说道。"不是的，虽然小明没有来，我一个人在家等了很久，但是我不生气，相反心里面很踏实，因为我信守了诺言，我是一个合格的小男子汉。"斌斌振振有词地说道。听了斌斌的话，爸爸妈妈满意地点了点头。

孔子说过："人而无信，不知其可也。"古往今来，人们均不耻于轻诺寡信的行为，崇尚言必信，行必果，当若君子一样：一言既出，驷马难追。只有恪守信用的人，才能交到知心的朋友，才能成就一番大事业。家长应该把培养孩子守信的习惯纳入素质教育范畴，从小给孩子以严格的守信教育。

爸爸妈妈对孩子许诺之前一定要慎重考虑，该不该对孩子许诺，能不能兑现出来，这种许诺对孩子来说到底好不好，等等。一经许诺，父母就必须严格履行自己的诺言，因为孩子是单纯的，也是易受其他因素影响的，特别是朝夕相处的父母，每天生活在一起，是孩子最近的模板。此外，一定要避免逼迫孩子去许下一个完全不可能兑现的诺言。父母逼迫孩子许下不可能兑现的诺言，这种行为，对孩子的心理健康发展会是非常不利的。一方面会使你的孩子在不经意间学会使用大而空的诺言去取悦别人，变得虚伪；另一方面，许下这种不能兑现或者很难兑现的诺言，将会使诺言的威严性和重要性在孩子心中大打折扣，让孩子认为诺言会是轻易说出口的。

同时，一定要让孩子学会说到做到。教育孩子对待别人要讲信用、负责任，答应别人的事一定要兑现；如果经过再三努力仍然没有做到，也不要伤悲，应诚恳地和对方说明原因，表示歉意，以得到对方的谅解。

最后，父母要让孩子有被信任的感觉，父母越信任孩子，孩子就会越讲信用。否则，他就会撒谎。比如有些父母，会担心自己的孩子去和坏孩子或是异性的朋友有所来往，而去一味地限制自己的孩子，不让做这，也不让做那。所谓信守诺言，即对许诺一定要承担兑现。"人无信不立"，答应了别人什么事情，对方自然会指望着你，希望你去给他们尽力地做到最好，一旦别人发现你开的是"空头支票"，是在说谎，就会产生强烈的反感，甚至会去排斥你。

爸爸妈妈培养孩子守规矩的好习惯，能使孩子走入社会后说话更有分量、更有威信，更容易获得别人的信任和尊敬。爸爸妈妈不妨经常告诉孩子："宝贝，守规矩就要从说话算数做起，你想想，如果你说了却做不到，谁还愿意和你一起去玩？谁还会相信你？"

家教心得

教育孩子守规矩并非一朝一夕就能够实现的，爸爸妈妈可以从引导孩子守信重诺开始，引导孩子对许下的诺言认真去践行，珍惜自己的信用和名誉。要让孩子明白，当一个人失去了诚信，他就失去了全部，失去了整个世界；当一个人言出必行，那么他就能快速地融入社会，获得大家的认可和信赖，就能更快更好地实现人生价值。

第八章
犹太人重财却又取之有道

犹太人是世界上最聪明和最会聚集财富的群体，多年来艰辛的命运造就了他们不凡的智慧，使之在学术、商业、经济等领域，接连涌现出超凡的大人物。犹太人的成功源于他们的头脑。通过灵活多变的思考方式，使得他们在商业上的成就往往高人一筹。犹太人自小就对孩子进行金钱教育，他们认为孩子只有掌握赚钱的能力，长大之后才有可能获得尽可能多的金钱，才会生活得更加富足安逸。

打份零工，体验挣钱的甘甜

犹太人在商业上的才能和成就是全世界都公认的，犹太人之所以能够在商业上取得巨大成就，和其自小就重视孩子的财富教育有很大的关系。犹太人认为虽然金钱并不是万能的，但是生活离开金钱却是万万不行的。正是出于这种认识，所以犹太人自小就特别重视培养孩子的理财意识，让孩子认识到金钱的重要性，了解金钱是如何挣来的。

犹太人认为，想要让孩子懂得金钱的重要性，最好的一个办法就是让孩子凭借着自己的努力挣到钱，在亲身经历中体验挣到钱的甘甜。让孩子通过自己的双手挣的第一份钱对孩子而言是重要的金钱启蒙教育，对培养孩子正确的金钱观念具有重要的意义。

其实想要打造孩子的高财商，让孩子打份零工是一个不错的选择。犹太家长就很支持孩子走出家门打零工，他们认为孩子只有亲身体验到挣钱的酸甜苦辣，了解挣钱的辛苦，才会对手中的金钱倍加珍惜，继而形成正确的金钱观，更好地利用金钱。最重要的是，打零工对孩子而言是一种获取金钱的尝试，在这个尝试的过程中，孩子对财富获取的途径会有一个直观的认知，这对提升孩子财商是一种非常好的锻炼。

佩雷亚上小学四年级，平时爸爸妈妈给的零用钱总是很快就花个精光。而且佩雷亚买来的东西新鲜一两天就不再珍惜，浪费现象非常严重，比如买来一个小蛋糕，吃一口感觉不好吃，随手就扔到垃圾桶里。妈妈为此很伤脑筋，叮嘱佩雷亚要珍惜金钱，可是佩雷亚似乎并没有听到耳朵里，花起钱来依然大手大脚。妈妈觉得佩雷亚之所以如此，最主要的还是金钱观念淡薄，得来容易自然也就不懂得珍惜。

周末，爸爸妈妈带着佩雷亚出去逛街，在商业中心的一个路口，一家人碰到一位卖报的老人。妈妈从口袋里面掏出钱，交给佩雷亚，说道："宝贝，拿着这些钱去老爷爷那儿买十份晚报。"佩雷亚高兴地跑过去，不久便抱着十份报纸交给妈妈。妈妈拿着报纸，对佩雷亚说："来，妈妈给你一项任务，从现在起，你就是一个小报童，这里是城市商业中心，人来人往，你可以向路人推销你手中的报纸，看看一上午你能不能将这十份报纸卖出去。"

佩雷亚觉得妈妈给自己的这个任务很新奇，于是很高兴地拿着报纸跑来跑去，向过往的行人推销起来。在这个过程中，很多人都拒绝了佩雷亚的推销，很多次，当他拿着报纸刚刚走到别人身旁，喊一声"叔叔……"人家就开始摆手，示意他走开。为此佩雷亚红了几次脸，很想放弃这份让自己尴尬不已的工作，但是看到站在一边的爸爸妈妈，看到他们鼓励的眼神，他最终还是坚持了下去，费了很大的劲儿才将手中的十份报纸卖出去。

当佩雷亚向妈妈诉说卖报纸的辛苦时，妈妈又向佩雷亚下达了一项命令："你去问一下那位卖报的老人，卖掉一份报纸能赚多少钱？"佩雷亚问了后得知，老人卖掉一份报纸赚的钱竟然还不够自己买一小块蛋糕，他还算了一笔账，自己一上午所挣来的钱竟然买不到四块蛋糕，这令佩雷亚心里很不是滋味，要知道为了能够将那些报纸卖出去，他可是费了很多的口水，遭受了很多白眼的。

于是佩雷亚对妈妈说："妈妈，今天我体会到了金钱得来不易，以后再也不会浪费手中的金钱，也不会浪费用金钱买来的任何东西。"妈妈听了佩雷亚的话，心里非常高兴，赞许道："宝贝，你终于体会到金钱得来不易，以后该花钱的时候咱们要花，但是需要节约的时候咱们也要节约不浪费。"佩雷亚点着小脑袋，对妈妈的话表示认同。妈妈很高兴，佩雷亚终于树立了正确的金钱观念，懂得了金钱的价值，了解了挣钱的艰辛，她相信佩雷亚一定能够遵守承诺，在今后的日子里说到做到。

让孩子打份零工，体验一下挣钱的心酸，孩子就会从小树立起一种珍惜金钱的意识，了解金钱的重要性。最重要的是，这本身就是一种挣钱的尝试，可以在很大程度上提升孩子的财商，让孩子尽早掌握挣钱的方法和技能。

引导孩子树立"要花钱，自己挣"的思想观念。

王勤自从上了小学之后，便学会了伸手向爸爸妈妈要钱："给我10元钱，我上学的时候买零食吃。""我要买铅笔盒，给我20元。"……妈妈觉得儿子这样的花钱观念很危险，不知道钱是怎么来的，不懂得珍惜金钱，不去创造财富，长大以后岂不是也创造不了什么财富？

于是王勤再要钱的时候，妈妈便说："要花钱，自己挣！"听妈妈这么说，王勤有些委屈地说："可是我这么小，不会挣钱啊！"妈妈神秘地说：“挣钱的机会很多啊，你在家里可以帮我做些事情，比如拖地、倒垃圾、洗碗等，这些都能让你挣到钱的。”

“这样也行？”王勤对妈妈的这个提议感到很新鲜，也很感兴趣。接下来几天，王勤便开始给妈妈打起“零工”来。但是有一天，拖地的他突然停下来揉着自己的小腰问妈妈：“妈妈，有没有赚钱比较多的工作？我现在做了半天，累得腰酸背痛，却才挣5元钱。”

妈妈想了想，告诉王勤：“你可以用自己的智力赚钱啊，只要你能给爸爸妈妈提出好的建议，比如家务方面的，被采纳的话就给你现在两倍的工资。”王勤听了后头点个不停，在之后的日子中开动脑筋，向妈妈提了很多好的建议，如怎么节电了，怎么节水了，等等。

就这样，王勤便一直为妈妈打零工，自己挣钱自己花。时间久了，妈妈发现儿子的财商明显增加，竟然从家里的废旧报纸中发现商机，给家里来了一次大扫除，将废旧的报纸一股脑儿卖出去，挣到100元的意外之财。

在日常生活中，爸爸妈妈有必要给孩子灌输“要花钱，自己挣”的理财观念，这样孩子才会在挣钱的过程中深刻地体会到金钱得来不易，才会尽早树立理财意识；另外，在挣钱的这个过程中，孩子的心理也会更早地成熟起来。

但是家长需要注意的是，不要将家庭中的任何事情都和金钱挂上钩，要掌握一个适合的“度”。不然很容易让孩子变得功利化，什么事情都向钱看齐，甚至造成亲子关系金钱化，淡化了血缘关系。

打零工的过程中，爸爸妈妈不要“本末倒置”。

　　为了培养杨言的理财意识，妈妈决定让儿子打份"零工"。经过周密的考察，妈妈决定让杨言周末去亲戚家开的面馆里面做一个"小二"。妈妈认为这份"零工"虽然辛苦，但是却能锻炼儿子，让他意识到金钱来之不易，也能提前感受一下挣钱的过程，锻炼自己的理财意识。

　　儿子周六仅仅打了一天的零工，就嚷嚷着受不了了，但是妈妈并没有让步，叮嘱儿子周日继续。但是让妈妈没想到的是，周末偷偷去查岗，却发现爸爸在面馆当起了"小二"，而儿子却坐在一边聚精会神地玩起了手机。妈妈一下子崩溃了，这样一来岂不本末倒置，让儿子打零工还有什么意义？

　　在孩子打零工的过程中，爸爸妈妈要齐心协力，拧成一股绳。切忌各自为政，觉得孩子太小，打零工吃苦受累，继而亲自上阵，代替孩子打工。如此的话，孩子打零工就失去原本的意义，得不偿失。

家教心得

　　对孩子而言，金钱往往是爸爸妈妈钱包里的几张纸，花完就可以向爸爸妈妈要，得来全不费工夫。也正是因为能够轻而易举地从爸爸妈妈那里得到金钱，所以很多孩子都不曾树立起正确的金钱观，意识不到金钱是需要不断付出才能得到的。所以培养孩子的金钱观，首先要让孩子体验金钱的创造过程，让孩子了解金钱得来不易，他们才会在之后的日子里更加珍惜金钱，才会慢慢树立起挣钱的概念。

当一次"小老板"，做一次"小生意"

犹太民族在商业上的成就无疑是巨大的，几乎世界各地都能看到在商业上取得巨大成就的犹太人。很多人想当然地将犹太民族在商业上的成就归结为天分使然，认为这个民族天生就具备经商的才能。这种观点未免太偏颇，任何一个民族都不可能天生就具备某个群体性的才能，犹太民族之所以能够在全球商业中建树斐然，和其重视孩子的商才有很大关系。

犹太家庭很早就在家庭教育中引入了商业教育，引导孩子了解商业经营，熟悉商业运作，培养孩子通过商业赚钱的能力。正是这种前期的商业能力培养，使得犹太孩子在思想上普遍有了通过商业赚取金钱的意愿和能力。

孩子学习理财知识，周末是一个难得的锻炼时间。爸爸妈妈可以利用这两天的时间，倾听孩子的理财建议，或者帮助他们发现一些挣钱的商机，让孩子实实在在地当一次"老板"，体验一下亲自挣钱的美妙滋味，品尝一下理财的乐趣。如此一来，孩子自然也就会在今后的生活中慢慢养成理财的好习惯，成为一个挣钱"小高手"。

佩斯特一直打算实施一项"商业计划"，想要通过自己的努力挣更多的钱，充实自己每月的零花钱。最初，佩斯特将挣钱的对象瞄准了妈妈，跟妈妈协商，打算通过帮助妈妈做家务挣钱。妈妈对佩斯特的这个提议很抵触，很干脆地拒绝了他："宝贝，挣钱不能挣家人的钱哦，去外面挣到钱才叫有能力，会理财。"

被妈妈拒绝之后，佩斯特并没有放弃，立即开始实施自己的第二个挣钱计划："妈妈，那我能不能将家里的旧玩具卖掉呢？"听佩斯特这么一说，妈妈的眼睛就亮了起来，是啊，家里有很多佩斯特小时候玩的玩具，长大之后那些玩具就没啥作用了，放着不仅占空间，而且还是一种资源浪费，为什么不让佩斯特当一回老板，体会一下做买卖的乐趣呢？这样一来，佩斯特通过自身努力挣了钱，理财能力自然也会提升不少，对他而言是个不错的历练机会。想到这儿，妈妈便点了点头，说："可以。"

于是佩斯特便马上开始行动起来，他跑到自己的房间，将两个装满了玩具的纸箱子拖出来，开始分门别类地整理。每拿起一个，都要让妈妈先估一个价格，然后他很仔细地记在一个小本子上，这样佩斯特在给玩具定价时便有了参考。

见儿子如此认真，妈妈也端来一个水盆，将所有的玩具擦拭了一遍，很多玩具看起来就像新的一样。分门别类整理好后，佩斯特跟妈妈说："妈妈，给我一个箱子装钱。"妈妈笑着说："宝贝，咱们卖不了那么多钱的，用不着箱子。""那给我找一个盒子行不行？"佩斯特央求道。妈妈便找了一个盒子，和佩斯特一人抱着一个装满玩具的箱子，下楼来到街道旁边的小广场上，将野餐垫铺好，然后把玩具一一摆放在上面，开始卖起了玩具。

一会儿，一位老人拉着一个3岁左右的小男孩慢悠悠地走过来，指着一个小木马问："这个怎么卖？""2谢克尔。"佩斯特很自然地回答道。老人笑眯眯地掏钱，然后拿起小木马领着小男孩到一边玩去了。拿着两谢克尔，佩斯特激动极了，妈妈也很高兴，对他说："宝贝，高兴了吧，开门大吉！"

就这样，佩斯特第一次当上了"老板"，他不停地招呼着围在摊位上看玩具的小朋友："你买这个吗？这个恐龙是夜光的，晚上关上灯以后很好看呢！""这个变形金刚还九成新呢，你喜欢吗？10谢克尔。"……两个小时后，天渐渐黑了，妈妈提议收摊，和佩斯特一起收拾好剩下的玩具，回家了。

回家后，佩斯特兴奋地将装钱的小盒子倒过来，将里面的钱数了又数，总共赚了100谢克尔。妈妈在一旁鼓励道："宝贝，这次你可赚了一笔钱，你也能像爸爸妈妈一样挣钱了，我们真替你高兴！"

对孩子而言，从爸爸妈妈那里要钱很容易，所以他们不懂得珍惜，对如何挣钱不关心。假如爸爸妈妈能够引导孩子理财赚钱，那么在这个过程中孩子便能亲身体会到赚钱不易，在今后的日子里对金钱自然会倍加珍惜，慢慢养成勤俭节约的习惯，孩子的理财能力也会在一次次的"经商"过程中得到锤炼，长大后挣钱的能力自然就有了保障。

当然，爸爸妈妈需要注意的是，在孩子"当老板"的过程中，要尽量让孩子自己去面对顾客的询问，让他们学习和顾客讲价的技巧，切忌越俎代庖，事事包办，不然很难达到锤炼孩子理财能力的目的。

自己当老板，做生意挣钱，说起来容易，但是在实际操作的时候却很复杂。有时候因为所选地段或是售卖商品的原因，半天也卖不出一件。这种情况下，孩子继续坚持下去的信心可能备受打击，对理财挣钱变得沮丧起来。爸爸妈妈不妨找个"托儿"，让孩子的生意来一个良好的"开门红"，以此坚定孩子当老板的决心。

上小学六年级的昊昊想要自己当老板，体验一下做生意的过程。爸爸妈妈都很支持儿子的这个想法，做一些小生意，对孩子来说也是一种财商的锻炼。对培养孩子正确的金钱意识很有帮助。妈妈便和爸爸商量了一下，从批发市场上为昊昊批发了一些手机外壳，他们觉得现在年轻人换手机很勤，对手机外壳的需求应该也很大。

周末晚上，昊昊这个"小老板"正式走马上任。摆摊的地点选择了小区的门口处，人流很多，爸爸和妈妈觉得昊昊一定能卖出几个手机壳，慢慢树立起当老板的信心。但是让爸爸妈妈担心的情况出现了，半个小时很快过去了，昊昊竟然一个手机壳也没卖出去！

看着脸色慢慢变冷的昊昊，妈妈觉得有必要先来个"开门红"，鼓舞一下儿子的斗志，不然肯定会打击到昊昊当老板的积极性。于是妈妈拿出手机，偷偷给奶奶打了个电话，让奶奶发动自己的好友来买手机壳。不久，一个昊昊不认识的老奶奶来到摊位边，挑了一个手机壳，问："小朋友，这个多少钱？"昊昊兴奋地回答："10元。"然后那位老奶奶便很爽快地付了钱。

拿着第一次挣来的钱，昊昊高兴得手舞足蹈，拿着钱在爸爸妈妈面前晃来晃去，得意极了。爸爸趁机鼓励昊昊说："有了第一单生意，坚持下去，第二单、第三单生意就会到来，会越来越好。"妈妈在一边也高兴地说道："现在你这个小老板有了自己的第一笔收入，以后可以给爸爸妈妈当零花钱花了。"

爸爸妈妈的鼓励和夸奖给了昊昊很大的动力，他看着自己的10元钱，满心都是喜悦，坚信自己可以卖出更多的手机壳。昊昊很自信地对爸爸妈妈说道："我会永远坚持下去的，不管之后遇到什么困难！"

爸爸妈妈要让孩子学会初步的营销。当老板，就免不了和顾客打交道。在这个过程中，营销策略做得好不好，直接影响着生意红火与否。所以在孩子当老板的过程中，爸爸妈妈要引导孩子在营销上下功夫，教给孩子一些营销技巧。

成成今年上小学五年级，当小老板已经有一个月的时间。爸爸从批发市场上给他批发了一些玩具，每个周末都会带着成成出去摆摊。但是让成成比较苦恼的是，一个月下来，卖出去的玩具并不是很多，也没赚多少钱。

成成向爸爸说出自己的困惑："为什么咱们的玩具卖不出去呢？"爸爸想了想，启发成成道："因为咱们没有什么营销措施，没有什么优惠，吸引不了人家的眼球，所以人家对咱们的玩具了解不够。""营销措施？"听爸爸这么说，成成有些不解。

爸爸微笑起来，并没有为成成解释什么，而是从背包里面掏出了早已经写好的"广告语"：玩具大甩卖，5元一个，10元三个。成成张大嘴，对爸爸的这一手很吃惊，但是仔细想了想，很快就明白爸爸的营销策略是什么了。小玩具的批发价一个两元，10元钱三个的话还能赚到四元钱呢！

果然，爸爸的"广告语"张贴了没多久，很多带着小朋友出来玩的叔叔、阿姨、爷爷、奶奶便将成成的小摊围了个水泄不通，箱子里的二十几个玩具转眼间就卖光了。

家 教 心 得

　　培养孩子的理财能力，让孩子从事商业经营活动，当一次"小老板"，是一种不错的历练。在商业经营活动中，孩子要依靠自身进行商品定价，分析客户的喜好，采取相应的营销措施。在这个过程中，孩子会接受到众多挑战，不断地提升自身的经营能力，其对财富的感受和把握能力自然也就提升了。

让孩子当一次"家庭财政部长"

　　犹太家长培养孩子的理财能力时还注重"就地取材"，让孩子在家庭生活中掌握一定的理财能力。犹太家长为了让孩子深刻理解财政收支平衡，意识到金钱的重要性，会将家里某一时期的财政大权交给孩子掌管，让孩子担任家庭的"财政部长"。通过这样的实践，让孩子掌握一定的理财知识，切实理解收支平衡的重要性。

　　在理财观念不断深入的现代社会，如何培养孩子的理财意识，成为当前爸爸妈妈最关心的问题之一。其实培养孩子的理财能力，家庭内部的财务运转平衡对孩子来说就是一个很好的锻炼机会。很多家长觉得孩子还小，让他们管钱的话很不明智，殊不知，让孩子上任家庭的"财政部长"一职，对他们来说不仅意味着是一种信任，也是一种非常有用的理财培训。

　　内塔尼亚平时花钱糊里糊涂，爸爸妈妈每月给他的零花钱没到月底就会被花得精光。妈妈觉得儿子财商方面还有很大的提升空间，很有必要在这方面培养一下，内塔尼亚在今后的生活中才会改变糊里糊涂花钱的毛病。为此，妈妈和爸爸商量了一下，决定让内塔尼亚做两个月的家庭"财政部长"。

　　内塔尼亚很高兴地接受了这个"美差"，能够掌管家里的财政大权, 岂不是想买啥就买啥, 这可是他的最大梦想啊! 于是内塔尼亚兴高采烈地接任了家里的"财政部长"职务, 开始管理一家人的日常生活开支。上任第一天, 内塔尼亚便给家里添置了不少东西, 大部分都是他很久之前就看中的玩具和漫画书。毕竟拿着家里的"公共财富"买自己喜欢的东西有点心虚, 所以每次买之前, 内塔尼亚都会和爸爸妈妈说一声, 探一探爸爸妈妈的反应。虽然妈妈担心这样下去, 家里这个月的预算资金很快就会入不敷出, 但是为了培养内塔尼亚的理财能力, 妈妈每次都会这样回答:"现在你是这个家庭的'财政部长', 买什么不买什么, 你自己看着办。"

不出妈妈所料, 仅仅过去半个月的时间, 内塔尼亚便发现剩余的钱不多了。他心慌起来, 立即向妈妈汇报, 但是妈妈只是笑笑, 什么也没说, 该买什么东西还是一如既往地从内塔尼亚手中领钱。就这样, 月底前的几天, 家庭财政便出现了赤字, 内塔尼亚手中一点钱也没有了。他着急起来, 先是将家里所有的废品和旧报纸整理了一下, 卖出去, 靠着这笔"救急之财"坚持了两天, 之后更是将自己仅有的一点"私房钱"垫了进去, 这才勉强支撑到这个月的最后一天。这样的经历让内塔尼亚首次体会到管钱的艰难, 原来管钱也是件困难的事情, 管不好, 一家人就会没吃没穿。

第二个月, 内塔尼亚很聪明地改变了自己的"管钱作风", 还特意向妈妈学习经验。于是妈妈趁机引导:"宝贝, 你首先需要准备一个小本子, 将每天的花费记账, 这样可以从花费中看出什么地方不需要花钱, 然后告诉爸爸妈妈哪些地方需要改正, 这样一来就能节省下来一笔不小的开销。"

有了妈妈的经验, 内塔尼亚便很认真地观察起来, 几天之后制定了一个"节约用水、用电细则"，告诉爸爸妈妈要省水省电，精打细算。而且妈妈还发现内塔尼亚身上有了很大的变化，最明显的一点就是他买东西的时候，不再随心所欲了。跟着妈妈逛超市，遇到喜欢的玩具，他虽然会跑过去玩一会儿，拿起来又放下，过过眼瘾就够了。

经过两个月的学习和实践，内塔尼亚终于掌握了怎么保持当月的收支平衡，正式坐稳了家庭"财政部长"的位置。

很多时候，孩子之所以不懂得珍惜金钱，花钱糊里糊涂，大手大脚，是因为他们不了解金钱的重要性，不知道挣钱的艰辛，更不明白管钱的辛苦。如此，孩子才会漠视金钱，不懂得珍惜，不会节制自己的欲望，更不会利用自己手中的金钱产生更大的财富。

现代社会，理财能力无疑是孩子长大以后在生活和事业上所必备的重要能力之一，孩子越早接触金钱，掌握一定的理财技能，长大之后才越会赚钱，才会合理地安排自己的开支，提升自己的生活品质。

那么在孩子当家庭财政部长期间，爸爸妈妈需要注意什么呢？

爸爸妈妈要敢于放手，让孩子品尝一下花钱大手大脚的恶果。有些爸爸妈妈觉得将一个月甚至更久的家庭财政放在孩子手中不放心，担心钱的数目太大，孩子会管不住自己，将手中的钱全部花掉。其实孩子第一次掌握家庭财政，手中掌握如此多的钱，大手大脚花钱是肯定的。反过来，这也是一次很好的机会，让孩子品尝一下大手大脚花钱的苦果，对他们来说也是一种警示，很有教育意义。

石晨晨跟妈妈约定，当一个月的"家长"，掌管家里一个月的财政开销。月初，妈妈将2000元钱交到了石晨晨的手中，叮嘱他："一定要管理好，别乱花。"石晨晨拍着胸脯保证道："一定，绝不会乱花！"

但是这种保证没有维持多久，就在当了"家长"的第五天，他就花了200元钱将以前看上的变形金刚抱了回来。爸爸妈妈看了也没说什么，任由他自己做主。就这样，刚刚过去大半个月，石晨晨手中的钱就告急了。他向妈妈求救，但是妈妈却告诉他，每个月的预算是固定的，这个月的钱只能这个月花，现在不够了，只能减少开支，剩下的日子就不吃肉了，只吃青菜。

如此，一家人吃了十天的青菜，石晨晨才后悔自己最初花钱大手大脚，暗暗下决心：以后再也不乱花钱了。

挫折是最好的教育之一，理财中也是这样，最初的一个小小的决定导致了最终的失败，对孩子来说会是一个印象深刻的教训。如此他们才能在之后的生活和学习中牢记这次教训，时刻叮嘱自己，鞭策自己。

教孩子合理利用自己的压岁钱。家庭的"财政部长"不仅要管理好爸爸妈妈的开销，也要管理好自己的花销。对孩子来说，他们最大的财产可能就是"压岁钱"，所以很有必要让孩子正确处理好自己的"压岁钱"，让这笔钱能够钱生钱，而不是被稀里糊涂地花掉。

上小学三年级的豆豆过年时收到了5000元压岁钱，爸爸对豆豆建议道："现在你的压岁钱都快要赶上爸爸一月的工资了，这样好不好，咱两个一人出一半的钱，存进银行，成立一个'上学基金'，然后下学期的书费、杂费都从这里面支出，好不好?"

想到爸爸也和自己出了一样的钱，而且这笔钱都是用在自己身上，豆豆便很高兴地同意了。而且豆豆觉得自己很有成就感，觉得自己也能为爸爸妈妈分担一部分责任。

压岁钱或者储蓄，或者当作投资理财的练习基金，都能很好地锻炼孩子的财商，让他们对"钱生钱"的致富之道有一个更加深刻的了解。当然，爸爸妈妈还可以引导孩子利用手中的压岁钱做一些有意义的事情，比如作为长期的旅游储备资金。

家 教 心 得

对孩子而言，金钱在他们眼中往往等同于很多的玩具、零食，所以他们有了钱总难摆脱"买买买"的恶性循环。如此一来，就很难保证收支平衡，更谈不上什么理财能力。所以家长想要培养孩子的理财能力，首先要从引导孩子树立收支平衡的观念做起，让孩子找到收支平衡点。理财不仅意味着会挣钱，还意味着要会花钱。

给自己列一个消费清单

现实生活中有很多"月光族"，每到月底工资就会月光光，月初顿顿吃燕窝，月末顿顿啃馒头。很多成年人之所以管不住自己，将每月的工资花得干干净净，固然和一些消费风气有关，但和他们小时候没有养成理财习惯也有很大的关系。

犹太教育学家认为传统的理财教育往往强调孩子该如何挣钱和攒钱，却忽视了教孩子怎么去花钱。孩子乱花钱，一个最主要的原因就是对自己手中的钱没有什么概念，花在了什么地方，哪些东西不该买，没有一个总体的认知。智慧的爸爸妈妈会让孩子学会列出一个消费清单，让他们从这个清单中了解自己的近期花费，从而总结出哪些地方该花钱，哪些地方不需要花钱。

王志今年上小学五年级，每个月的零花钱经常超过 500 元，大约占到了妈妈工资的 1/7。"妈妈，我同桌的铅笔盒很漂亮，我也想买一个。""给我 20 元钱，我要买和李彤一样的圆珠笔！"……王志就像一个吸金的无底洞，无时无刻不在消费金钱，每天都想着法儿要钱，花样百出。虽然爸爸妈妈跟他说了很多次，挣钱不容易，要节俭，不需要的不要买，但是效果很不好，王志还是我行我素。

妈妈觉得儿子花钱大手大脚，想要什么买什么，一点理财的概念都没有，这样长大之后也不会攒钱理财。所以妈妈想了一个方法，让王志意识到自己花钱大手大脚的毛病，养成理性消费的好习惯。

有一天，妈妈将王志叫到了身边，跟他约定道："每月给你100元零花钱，你可以买学习用品和零食。花不完的可以自己攒起来，但是必须要记账，写出每月的消费清单，不能透支。"听妈妈这么说，王志觉得自己每月能支配这么多的零钱，很高兴，于是便答应妈妈，并很讲信用地和妈妈拉起勾来。

刚刚过了两周，王志很难过地告诉妈妈："妈妈，你给我的100元我都花完了！"妈妈摇头，这种情况妈妈早已经预料到，她伸出手，对王志说："给妈妈看看你的消费清单，妈妈帮你分析一下钱花在什么地方了。"

王志从书包中拿出自己的小本子，上面整齐地列出了每天的开销：冰激凌五元，面包五元，巧克力六元，软糖三元，烤肠两元……几乎全是零食，吃的喝的应有尽有。妈妈指着消费清单上的一项项支出，说："清单记得真仔细，仅仅两周时间，就吃掉了100元，这方面花得太多，偶尔可以，但是全部都吃零食，是不对的。咱们之间有协议，后半个月你没有零花钱。"听了妈妈的话，王志低下了头，妈妈说的那些话很有针对性，一下子就将自己嘴馋的毛病点了出来。

第二个月，王志主动将消费清单交给妈妈："妈妈，请你检查。"妈妈打开之后，看到上面列出一列数据：数学练习本一元，铅笔一元，铅笔盒十元……总计：70元，剩余：30元。妈妈觉得通过上个月的检查清单，儿子这个月明显将钱都花在了学习用品上，而且最让妈妈高兴的是，儿子这个月竟然有30元的结余，这在以前是想也不敢想的。

"妈妈。我会把剩余的钱攒起来，等多了，我要买个学习机！"王志很有成就感地说道。妈妈高兴地点点头，她发现在这一刻，儿子已经有了控制自己消费欲望的能力。

让家中的孩子列一个消费清单，和他一起在这份清单中找出那些不需要花钱的选项，让孩子在今后的生活中管住自己，如此一来，他们大手大脚花钱的习惯也就可以慢慢纠正过来。所以爸爸妈妈不妨给家中的孩子准备一个记事本，让他们将每天的花销写下来。

让孩子学会理财，爸爸妈妈首先要树立的一个观念就是：给孩子的零花钱并不是越多越好，给的钱多并不代表就疼爱孩子，给的少也不意味着不疼爱孩子。对待那些习惯花钱如流水的孩子，爸爸妈妈在让他们写清单的同时，不妨跟他们签订一个"零花钱合同"，以此来遏制孩子的盲目消费。

为了让萧城养成理性花钱的习惯，妈妈和萧城通过协商，签订了一份协议，具体内容如下：

第一，妈妈在每月的第一天给萧城 100 元零花钱，由萧城自由支配，提前花光的话不能再向爸爸妈妈索要。

第二，萧城的零花钱包括买零食和买学习用品的费用，假如购买课外读物的话，妈妈另外给钱。

就这样，合同严格执行了三个月后，妈妈发现萧城花钱的习惯改变很多，不再买一些根本没用处的东西。

当然，为了培养孩子合理消费的观念，爸爸妈妈可以不断地延长零用钱的发放时间，比如以前是一周一发，那么几个月后可以变成一月一发。这样能够锻炼孩子合理消费的能力，让合理的消费理念更加深入孩子的心灵中去。

引导家中的孩子有计划地花钱。现在的孩子大都习惯花钱，身上有多少花多少，花完就跟爸爸妈妈要，一点节制能力都没有。这种大手大脚花钱的习惯和孩子强烈的好奇心以及占有欲有关，看到什么新鲜的东西就想买下来占为己有。孩子的这种行为往往是无意识的，所以爸爸妈妈需要加以引导，教给他们怎么花钱。

程程央求妈妈带他去肯德基，出发之前，妈妈对程程说："到了后你只能要一杯饮料，吃一个汉堡，其他的都不能买。"程程很抗拒妈妈的这个计划，噘着嘴，不同意。看到儿子这个表现，妈妈便故意说："看来你不想去，那咱们就不去了，在家吃饭。"于是，妈妈便将挎包放下来，脱下刚刚穿上的外套。

见妈妈真的不打算去，程程只好答应了妈妈的要求，并央求妈妈："好妈妈，我就吃一个汉堡，喝一杯饮料，别的都不要。"

让孩子学会怎么花钱，关键在于控制孩子的欲望，不然孩子花钱绝对不会停止下来的。这也是提前制订花钱计划的巧妙之处，通过事前的约定，将孩子的欲望关进了"笼子"中。

家 教 心 得

列清单，白纸黑字摆在孩子面前的时候，首先在气氛上会给孩子一种非常正式严肃的感觉。最重要的是，消费清单详细记录孩子在一段时期的消费物品和具体开销，能够直观地展示出孩子的不当消费行为，对警示孩子养成良好的消费行为有很大的教育意义。在家庭教育中，爸爸妈妈灵活地运用消费清单，能够有效地帮助孩子找到收支平衡点，引导孩子养成良好的消费习惯。

买东西要学会"砍价"

犹太家长善于将孩子的理财教育融入日常生活中去，通过一件件小事情来锻炼孩子具体的挣钱和花钱技能。具体而言，犹太家长常用的一个方法就是教孩子讨价还价，引导孩子学会用最少的开销获得最好的价值。

买卖过程中的讨价还价是一门理财艺术，在很多购物场合都能用到，这样才能花最少的钱买到最需要的东西。孩子在成长的过程中，必然会时常和消费"打交道"，在这个过程中，假如树立"砍价"意识，掌握讨价还价技巧，那么就能花最少的钱买到称心如意的商品。最重要的是，通过讨价还价，会在孩子的头脑中树立起一种理财意识：有买卖就有还价的余地，讨价里也蕴含着巨大的商机。

爸爸妈妈在传授孩子"砍价"技巧的时候，一个最基本的原则就是货比三家，这样孩子才能在比较中明白同样的商品在定价上会有很大的差别，也就为之后的讲价做一个扎实的市场调查。货比三家后，不妨让孩子自己去实践一下，体会"砍价"的魅力，次数多了，孩子自然也就掌握了这种技巧。

妈妈发现儿子查克瑟对金钱的概念认识不清，平时花钱大手大脚，她觉得任由儿子这样下去的话，长大之后即使挣钱再多最终也很难积攒下什么财富。为了查克瑟未来的幸福，很有必要纠正一下他的这个坏习惯，引导他树立理财的意识。

有一次妈妈带着查克瑟去逛街，查克瑟在走过一家商店的橱窗时看中了一双款式很新潮的旅游鞋，央求妈妈买下来。妈妈没有立即应允，而是先询问老板那双鞋子多少钱，老板说要120谢克尔。问完价格后，妈妈并没有立即买下那双鞋，而是领着查克瑟走进了第二家鞋店，里面也有那个品牌的鞋子，妈妈问了下价格，老板要108谢克尔。

查克瑟跟着妈妈走累了，便对妈妈说："走这么多路做什么呢？哪家的鞋子都是那样的，随便买上一双不就可以了。"妈妈看了看儿子，说道："买东西最基本的一个原则就是货比三家，这样咱们才能花最少的钱买到最适合的鞋子，这才叫理财。"

最终妈妈用了98谢克尔买下了那双鞋子，对查克瑟意味深长地说道："看到了没有，这就是讲价的好处，节省下来的这些钱，可以补充到你下周的零花钱中去。"

还有一次，妈妈带着查克瑟去市场上买菜，看到胡萝卜很新鲜，决定让儿子"实战"一下，便鼓励查克瑟上前和老板砍价。在妈妈的鼓励下，查克瑟走到菜摊前，拿起一根胡萝卜，问道："这胡萝卜怎么卖的？"老板回答说两谢克尔。

查克瑟问道："老板，能不能便宜点，1谢克尔？"老板"哈哈"地笑了起来，表示那样自己就赔本了，不卖。查克瑟想了想，又问道："那1.5谢克尔吧，可以的话我就多买些。"这回老板点了点头，同意了。

妈妈在一边很高兴，查克瑟终于树立起砍价意识，掌握了砍价技巧，会过日子了。妈妈相信查克瑟在学会砍价的基础上，会对商业活动有一个更加深刻的认识，其理财能力也会得到相应的提升。

孩子买东西和别人讲价的意识，需要爸爸妈妈从小加以培养。假如不具备这种意识，那么即使在孩子成年之后，在一些商业购买活动中还是不会讨价还价，势必会导致多花钱，买到的却是别人少花钱所得到的同样产品。

那么爸爸妈妈怎样在生活中培养孩子讲价的技巧呢？

做一个杀价高手，为孩子树立榜样。让孩子学会讨价还价最好的方法是爸爸妈妈做一个好榜样，买东西的时候习惯砍价，时间长了，孩子耳濡目染，自然也就在自己买东西的时候学会砍价。假如爸爸妈妈平时花钱大手大脚，不懂得砍价，那么孩子自然也不会讨价还价。

瑞瑞一直嚷嚷着要吃鱼，于是妈妈便给他20元钱，让他去楼下的菜市场去买。但是妈妈转念一想，儿子平日里花钱大手大脚，正好趁这个时机让他见识一下自己这个"砍价高手"的风采，于是便叫住了瑞瑞，和他一起去市场买鱼。

到了市场的水产品商店，妈妈问鲤鱼多少钱一斤，老板伸出一个指头，说10元。妈妈问："8元怎么样，行的话就买两条。"老板犹豫了一下，说八元自己就赔本了，不卖。于是妈妈很干脆地说："9元，就那两条最大的。"这次老板没有说什么，直接捞出了鱼，称了重量。

做鱼需要很多作料，这次妈妈让瑞瑞去买，她则跟在后面"督阵"。以前从不知道砍价的瑞瑞也学起妈妈，跟老板讨价还价，虽然

技巧还很稚嫩，但是妈妈心里却很高兴，有了好的开头，之后也就能慢慢养成习惯。

孩子买东西，爸爸妈妈可以趁机展示自己的"砍价功夫"，让孩子懂得这样能够省下不少的钱。当然，爸爸妈妈也要明白，砍价能力并非是一天两天就能够培养出来的，需要经常提醒，不断地锤炼，这样才能让孩子慢慢学会。

教给孩子一些谈判技巧。砍价是一门技术，智慧的爸爸妈妈通常会教给孩子一些谈判技巧，引导孩子在买卖活动中不断实践，熟练运用。这样一来，孩子实践的次数多了，对砍价的认知也就越深刻，他们讨价还价的兴趣也会随着成功次数的不断增加而变得越来越浓厚。

家 教 心 得

讨价还价看似和理财能力培养没有丝毫关系，但从本质上看，孩子在讨价还价的过程中会对金钱有一个更加深刻的了解，对商品交易有一个更清晰的认知。这样一来，孩子生活中的每一天都可以在消费过程中强化金钱意识，锻炼理财能力，从这一视角看，引导孩子学习砍价对培养孩子的理财能力是一种非常有效的锻炼。

零用钱存进银行，可以钱生钱

犹太人善于化零为整，通过一系列资本运作，让手中的钱尽可能多地"生钱"。在犹太人眼中，将钱放在手中会贬值，将钱流转起来，精细运作，则会收获一系列经济回报。所以犹太人自小就会培养孩子的理财意识，让孩子学会积少成多，通过相应的资本运作让手中的金钱变得更多。

良好的理财能力是孩子高财商的一个重要体现，对孩子而言，不仅要懂得如何花钱，如何凭借知识和能力去挣钱，还应学会利用资本的方式让钱如何"生钱"。很难想象一个不会理财只懂得大手大脚花钱的孩子长大之后能够拥有高财商，让自己生活得更自由、更富足。所以，家长培养孩子理财能力就显得尤为重要，而储蓄作为一种最基本也是最重要的理财方式，尤其值得家长推荐给孩子。家长可以为孩子在银行开一个账户，培养他们的储蓄意识，帮助孩子将手中的零花钱积少成多，变零为整。

齐齐放暑假后，每天都和妈妈在家玩耍。他特别淘气，总是把妈妈刚刚收拾好的房间弄乱。但是最让妈妈头疼的是，齐齐不怎么会理财，给他的零用钱，每天都会花光，吃的、玩的，总是衣兜里一分钱也不会剩下。妈妈觉得一个小男子汉不知道怎么理财，只懂得一味地花钱，现在看似无所谓，但是长大后，就有可能影响到孩子的"钱途"，生活难免拮据。想到这儿，妈妈决定利用暑假培养齐齐的财商，引导齐齐学习怎么理财。

有一天，妈妈把正想出门买糖吃的齐齐叫到身边，微笑着对齐齐说："儿子，想不想挣更多的零花钱？"齐齐忽闪着大眼睛，很高兴地说："当然想！妈妈，你要给我零花钱吗？"妈妈说："给钱可以，但是你需要用劳动换的，而且一个月内不准花这笔钱。儿子，咱们可以签订个协议，你做家务活，妈妈每天给你5元钱，怎么样？"齐齐听了之后被每天5元的零花钱所吸引，但他还是很小心地问妈妈："妈妈，你刚刚说的家务活包括什么？"妈妈看到齐齐"上当"，趁热打铁道："不多，每天扫地，给家里人倒水，吃完饭帮着妈妈收拾桌子，还有就是倒垃圾。"齐齐问："妈妈，就这些，我做了你每天就给我5元钱？""是啊，不过给了你不能花，需要攒着，一个月之后才能动，你同意不？"见儿子点头，妈妈便找来纸和笔，和齐齐签订了一个"劳动合同"。

之后齐齐就开始了为妈妈打工的日子，帮妈妈扫地，收拾桌子，倒垃圾。每天晚上妈妈给齐齐5元"打工费"的时候，齐齐总是笑得合不拢嘴，这个时候妈妈总是提醒一下齐齐："宝贝，不能花哦，要攒着。"妈妈知道齐齐很想拿着钱去买好吃的东西，但是为了让他学会储蓄，妈妈刻意加上积攒的规定。就这样，一个月的时间很快就过去了，妈妈和齐齐签订的"合同"也到期了。齐齐高兴地把积攒在抽屉的一张张5元钞票拿出来数，妈妈在一边微笑地看着。妈妈问齐齐："宝贝，这些钱你打算怎么用呢？"齐齐想都没想，说："我要买很多很多好吃的。"妈妈建议道："为什么你不把这些钱存进银行呢，那样银行会给你利息的，比统统花了好很多倍！"

齐齐听了妈妈的建议，好奇地问道："能够用我的名字在银行存钱吗？""当然，虽然你还小，但是妈妈可以作为监护人给你开设一个账户，你将这些钱存进去，就有了自己的财富，而且你存进去的越多，得到的利息也就越多呢。"妈妈的一席话彻底打消了齐齐的疑虑。

说做就做，妈妈便带着齐齐来到小区门口的银行，用齐齐的名字申请了一张银行卡，并将齐齐的"工资"全部存进去。齐齐拿着银行卡高兴极了，他觉得自己已经成了一个"小大人"，成了一个小富翁，非常有成就感。齐齐在心中暗暗决定，今后每月要将自己得到的一部分零花钱存进这张银行卡中，让里面的钱越变越多。

在孩子长大之后，能否掌握一些理财投资的方法，对其今后的生活和工作都尤为重要。要知道只有孩子学会储蓄，他才能养成"珍惜金钱"的习惯，珍视钱财，利用钱财，而不是挥霍钱财。

孩子的储蓄意识应该在他们很小的时候就开始培养。爸爸妈妈应该教给他们怎么为了实现自己的短期目标而存钱的思想。比如孩子想要买一件自己喜欢的玩具，爸爸妈妈就可以利用这个机会让孩子学会怎么存钱，为他们制订一个储蓄计划，用自己积攒的钱买玩具比轻易从爸爸妈妈那儿得到更能让他们懂得积少成多的道理，更倾向于储蓄。比如有的孩子喜欢吃冰激凌，一杯要 12 元，那么妈妈可以这样培养孩子的储蓄观念："吃可以，但是妈妈每天只能给你一元钱，你要自己积攒 12 天才能买一杯。"这样就能促使孩子储蓄观念尽早萌发。

家长可以以孩子的名义在银行开设一个账户。当孩子看到自己的名字变成铅字印在存折上的时候，他们会觉得自己已经长大，在爸爸妈妈眼中变得更重要。另外以孩子的名义开银行账户，还能让孩子明白钱并不是银行白给的，他们必须先把钱存进去，然后才能取出来，而且得到比原来更多的钱。比如当孩子感受不到银行储蓄的快乐，不愿意将钱存入银行的时候，妈妈可以带孩子去银行，以孩子的名义开设一个银行账户，可以这样告诉孩子："宝贝，你看这是你的名字，以后你也可以像爸爸妈妈一样，将自己的零花钱存到这个账户里面，这样看着里面的钱一天天增加，是不是很有成就感？"

家 教 心 得

储蓄是培养孩子理财能力的最基本也是最有效的方法，对孩子而言，能够攒得住钱，就是一种成功的理财。毕竟在孩子的眼中诱惑太多，再加上自身自控能力比较低，所以储蓄对他们而言总是那么困难。爸爸妈妈可以在家庭教育过程中有意识地培养孩子的储蓄意识，为他们在银行设立储蓄账户，用这种正式、严肃的形式约束孩子的消费行为，端正他们的储蓄态度。